心一堂術數古籍珍本叢刊

書名：增釋地理琢玉斧巒頭歌括（清刻原本）（上）
系列：心一堂術數古籍珍本叢刊　堪輿類　第一輯　89
作者：【明】徐之鏌　原著　【清】張九儀　增釋
主編、責任編輯：陳劍聰
心一堂術數古籍珍本叢刊編校小組：陳劍聰　素聞　梁松盛　鄒偉才　虛白盧主

出版：心一堂有限公司
通訊地址：香港九龍旺角彌敦道六一〇號荷李活商業中心十八樓〇五—〇六室
深港讀者服務中心：中國深圳市羅湖區立新路六號羅湖商業大廈負一層〇〇八室
電話號碼：(852)67150840
網址：publish.sunyata.cc
電郵：sunyatabook@gmail.com
網店：http://book.sunyata.cc
淘寶店地址：https://shop210782774.taobao.com
微店地址：https://weidian.com/s/1212826297
臉書：https://www.facebook.com/sunyatabook
讀者論壇：http://bbs.sunyata.cc/

版次：二零一五年四月初版
平裝：二冊不分售

定價：港幣　三百八十元正
　　　人民幣　三百八十元正
　　　新台幣　一千四百八十八元正

國際書號：ISBN 978-988-8266-91-3

香港發行：香港聯合書刊物流有限公司
地址：香港新界大埔汀麗路36號中華商務印刷大廈3樓
電話號碼：(852)2150-2100
傳真號碼：(852)2407-3062
電郵：info@suplogistics.com.hk

台灣發行：秀威資訊科技股份有限公司
地址：台灣台北市內湖區瑞光路七十六巷六十五號一樓
電話號碼：+886-2-2796-3638
傳真號碼：+886-2-2796-1377
網絡書店：www.bodbooks.com.tw
台灣國家書店讀者服務中心：
地址：台灣台北市中山區松江路二〇九號一樓
電話號碼：+886-2-2518-0207
傳真號碼：+886-2-2518-0778
網絡書店：http://www.govbooks.com.tw

中國大陸發行　零售：深圳心一堂文化傳播有限公司
深圳地址：深圳市羅湖區立新路六號羅湖商業大廈負一層〇〇八室
電話號碼：(86)0755-82224934

心一堂微店二維碼

心一堂淘寶店二維碼

心一堂術數古籍 珍本 整理 叢刊 總序

術數定義

術數，大概可謂以「推算（推演）、預測人（個人、群體、國家等）、事、物、自然現象、時間、空間方位等規律及氣數，並或通過種種『方術』，從而達致趨吉避凶或某種特定目的」之知識體系和方法。

術數類別

我國術數的內容類別，歷代不盡相同，例如《漢書・藝文志》中載，漢代術數有六類：天文、曆譜、五行、蓍龜、雜占、形法。至清代《四庫全書》，術數類則有：數學、占候、相宅相墓、占卜、命書、相書、陰陽五行、雜技術等，其他如《後漢書・方術部》、《藝文類聚・方術部》、《太平御覽・方術部》等，對於術數的分類，皆有差異。古代多把天文、曆譜、及部分數學均歸入術數類，而民間流行亦視傳統醫學作為術數的一環；此外，有些術數與宗教中的方術亦往往難以分開。現代民間則常將各種術數歸納為五大類別：命、卜、相、醫、山，通稱「五術」。

本叢刊在《四庫全書》的分類基礎上，將術數分為九大類別：占筮、星命、相術、堪輿、選擇、三式、讖諱、理數（陰陽五行）、雜術（其他）。而未收天文、曆譜、算術、宗教方術、醫學。

術數思想與發展——從術到學，乃至合道

我國術數是由上古的占星、卜筮、形法等術發展下來的。其中卜筮之術，是歷經夏商周三代而通過「龜卜、蓍筮」得出卜（筮）辭的一種預測（吉凶成敗）術，之後歸納並結集成書，此即現傳之《易

經》。經過春秋戰國至秦漢之際，受到當時諸子百家的影響、儒家的推崇，遂有《易傳》等的出現，原本是卜筮術書的《易經》，被提升及解讀成有包涵「天地之道（理）」之學。因此，《易．繫辭傳》曰：「易與天地準，故能彌綸天地之道。」

漢代以後，易學中的陰陽學說，與五行、九宮、干支、氣運、災變、律曆、卦氣、讖緯、天人感應說等相結合，形成易學中象數系統。而其他原與《易經》本來沒有關係的術數，如占星、形法、選擇，亦漸漸以易理（象數學說）為依歸。《四庫全書．易類小序》云：「術數之興，多在秦漢以後。要其旨，不出乎陰陽五行，生尅制化。實皆《易》之支派，傅以雜說耳。」至此，術數可謂已由「術」發展成「學」。

及至宋代，術數理論與理學中的河圖洛書、太極圖、邵雍先天之學及皇極經世等學說給合，通過術數以演繹理學中「天地中有一太極，萬物中各有一太極」（《朱子語類》）的思想。術數理論不單已發展至十分成熟，而且也從其學理中衍生一些新的方法或理論，如《梅花易數》、《河洛理數》等。

在傳統上，術數功能往往不止於僅僅作為趨吉避凶的方術，及「能彌綸天地之道」的學問，亦有其「修心養性」的功能，「與道合一」（修道）的內涵。《素問．上古天真論》：「上古之人，其知道者，法於陰陽，和於術數。」數之意義，不單是外在的算數、歷數、氣數，而是與理學中同等的「道」、「理」--心性的功能，北宋理氣家邵雍對此多有發揮：「聖人之心，是亦數也」、「萬化萬事生乎心」、「心為太極」。《觀物外篇》：「先天之學，心法也。……蓋天地萬物之理，盡在其中矣，心一而不分，則能應萬物。」反過來說，宋代的術數理論，受到當時理學、佛道及宋易影響，認為心性本質上是等同天地之太極。天地萬物氣數規律，能通過內觀自心而有所感知，即是內心也已具備有術數的推演及預測、感知能力；相傳是邵雍所創之《梅花易數》，便是在這樣的背景下誕生。

《易．文言傳》已有「積善之家，必有餘慶；積不善之家，必有餘殃」之說，至漢代流行的災變說及讖緯說，我國數千年來都認為天災，異常天象（自然現象），皆與一國或一地的施政者失德有關；下至家族、個人之盛衰，也都與一族一人之德行修養有關。因此，我國術數中除了吉凶盛衰理數之外，人心的德行修養，也是趨吉避凶的一個關鍵因素。

術數與宗教、修道

在這種思想之下，我國術數不單只是附屬於巫術或宗教行為的方術，又往往是一種宗教的修煉手段--通過術數，以知陰陽，乃至合陰陽（道）。「其知道者，法於陰陽，和於術數。」例如，「奇門遁甲」術中，即分為「術奇門」與「法奇門」兩大類。「法奇門」中有大量道教中符籙、手印、存想、內煉的內容，是道教內丹外法的一種重要外法修煉體系。甚至在雷法一系的修煉上，亦大量應用了術數內容。此外，相術、堪輿術中也有修煉望氣（氣的形狀、顏色）的方法；堪輿家除了選擇陰陽宅之吉凶外，也有道教中選擇適合修道環境（法、財、侶、地中的地）的方法，以至通過堪輿術觀察天地山川陰陽之氣，亦成為領悟陰陽金丹大道的一途。

易學體系以外的術數與的少數民族的術數

我國術數中，也有不用或不全用易理作為其理論依據的，如揚雄的《太玄》、司馬光的《潛虛》。也有一些占卜法、雜術不屬於《易經》系統，不過對後世影響較少而已。

外來宗教及少數民族中也有不少雖受漢文化影響（如陰陽、五行、二十八宿等學說。）但仍自成系統的術數，如古代的西夏、突厥、吐魯番等占卜及星占術，藏族中有多種藏傳佛教占卜術、苯教占卜術、擇吉術、推命術、相術等；北方少數民族有薩滿教占卜術；不少少數民族如水族、白族、布朗族、佤族、彝族、苗族等，皆有占雞（卦）草卜、雞蛋卜等術，納西族的占星術、占卜術，彝族畢摩的推命術、占卜術……等等，都是屬於《易經》體系以外的術數。相對上，外國傳入的術數以及其理論，對我國術數影響更大。

曆法、推步術與外來術數的影響

我國的術數與曆法的關係非常緊密。早期的術數中，很多是利用星宿或星宿組合的位置（如某星在某州或某宮某度）付予某種吉凶意義，并據之以推演，例如歲星（木星）、月將（某月太陽所躔之宮次）等。不過，由於不同的古代曆法推步的誤差及歲差的問題，若干年後，其術數所用之星辰的位置，已與真實星辰的位置不一樣了；此如歲星（木星），早期的曆法及術數以十二年為一周期（以應地支），與木星真實周期十一點八六年，每幾十年便錯一宮。後來術家又設一「太歲」的假想星體來解決，是歲星運行的相反，週期亦剛好是十二年。而術數中的神煞，很多即是根據太歲的位置而定。又如六壬術中的「月將」，原是立春節氣後太陽躔娵訾之次而稱作「登明亥將」，至宋代，因歲差的關係，要到雨水節氣後太陽才躔娵訾之次，當時沈括提出了修正，但明清時六壬術中「月將」仍然沿用宋代沈括修正的起法沒有再修正。

由於以真實星象周期的推步術是非常繁複，而且古代星象推步術本身亦有不少誤差，大多數術數除依曆書保留了太陽（節氣）、太陰（月相）的簡單宮次計算外，漸漸形成根據干支、日月等的各自起例，以起出其他具有不同含義的眾多假想星象及神煞系統。唐宋以後，我國絕大部分術數都主要沿用這一系統，也出現了不少完全脫離真實星象的術數，如《子平術》、《紫微斗數》、《鐵版神數》等。後來就連一些利用真實星辰位置的術數，如《七政四餘術》及選擇法中的《天星選擇》，也已與假想星象及神煞混合而使用了。

隨着古代外國曆（推步）、術數的傳入，如唐代傳入的印度曆法及術數，元代傳入的回回曆等，其中我國占星術便吸收了印度占星術中羅睺星、計都星等而形成四餘星，又通過阿拉伯占星術而吸收了其中來自希臘、巴比倫占星術的黃道十二宮、四大（四元素）學說（地、水、火、風），並與我國傳統的二十八宿、五行說、神煞系統並存而形成《七政四餘術》。此外，一些術數中的北斗星名，不用我國傳統的星名：天樞、天璇、天璣、天權、玉衡、開陽、搖光，而是使用來自印度梵文所譯的：貪狼、巨門、祿存、文曲，廉貞、武曲、破軍等，此明顯是受到唐代從印度傳入的曆法及占星術所影響。如星命術中的《紫微斗數》及堪輿術中的《撼龍經》等文獻中，其星皆用印度譯名。及至清初《時憲曆》，置閏之法則改用西法「定氣」。清代以後的術數，又作過不少的調整。

此外，我國相術中的面相術、手相術，唐宋之際受印度相術影響頗大，至民國初年，又通過翻譯歐西、日本的相術書籍而大量吸收歐西相術的內容，形成了現代我國坊間流行的新式相術。

陰陽學——術數在古代、官方管理及外國的影響

術數在古代社會中一直扮演着一個非常重要的角色，影響層面不單只是某一階層、某一職業、某一年齡的人，而是上自帝王，下至普通百姓，從出生到死亡，不論是生活上的小事如洗髮、出行等，大事如建房、入伙、出兵等，從個人、家族以至國家，從天文、氣象、地理到人事、軍事，從民俗、學術到宗教，都離不開術數的應用。我國最晚在唐代開始，已把以上術數之學，稱作陰陽（學），行術數者稱陰陽人。（敦煌文書、斯四三二七唐《師師漫語話》：「以下說陰陽人謾語話」，此說法後來傳入日本，今日本人稱行術數者為「陰陽師」）。一直到了清末，欽天監中負責陰陽術數的官員中，以及民間術數之士，仍名陰陽生。

古代政府的中欽天監（司天監），除了負責天文、曆法、輿地之外，亦精通其他如星占、選擇、堪輿等術數，除在皇室人員及朝庭中應用外，也定期頒行日書、修定術數，使民間對於天文、日曆用事吉凶及使用其他術數時，有所依從。

我國古代政府對官方及民間陰陽學及陰陽官員，從其內容、人員的選拔、培訓、認證、考核、律法監管等，都有制度。至明清兩代，其制度更為完善、嚴格。

宋代官學之中，課程中已有陰陽學及其考試的內容。（宋徽宗崇寧三年〔一一零四年〕崇寧算學令：「諸學生習……並曆算、三式、天文書。」「諸試……三式即射覆及預占三日陰陽風雨。天文即預

定一月或一季分野災祥，並以依經備草合問為通。」

金代司天臺，從民間「草澤人」（即民間習術數人士）考試選拔：「其試之制，以《宣明曆》試推步，及《婚書》、《地理新書》試合婚、安葬，並《易》筮法，六壬課、三命、五星之術。」（《金史》卷五十一．志第三十二．選舉一）

元代為進一步加強官方陰陽學對民間的影響、管理、控制及培育，除沿襲宋代、金代在司天監掌管陰陽學及中央的官學陰陽學課程之外，更在地方上增設陰陽學課程（《元史．選舉志一》：「世祖至元二十八年夏六月始置諸路陰陽學。」）地方上也設陰陽學教授員，培育及管轄地方陰陽人。（《元史．選舉志一》：「（元仁宗）延祐初，令陰陽人依儒醫例，於路、府、州設教授員，凡陰陽人皆管轄之，而上屬於太史焉。」）自此，民間的陰陽術士（陰陽人），被納入官方的管轄之下。

至明清兩代，陰陽學制度更為完善。中央欽天監掌管陰陽學，明代地方縣設陰陽學正術，各州設陰陽學典術，各縣設陰陽學訓術。陰陽人從地方陰陽學肄業或被選拔出來後，再送到欽天監考試。（《大明會典》卷二二三：「凡天下府州縣舉到陰陽人堪任正術等官者，俱從吏部送（欽天監），考中，送回選用；不中者發回原籍為民，原保官吏治罪。」）清代大致沿用明制，凡陰陽術數之流，悉歸中央欽天監及地方陰陽官員管理、培訓、認證。至今尚有「紹興府陰陽印」、「東光縣陰陽學記」等明代銅印，及某某縣某某之清代陰陽執照等傳世。

清代欽天監漏刻科對官員要求甚為嚴格。《大清會典》「國子監」規定：「凡算學之教，設肄業生。滿洲十有二人，蒙古、漢軍各六人，於各旗官學內考取。漢十有二人，於舉人、貢監生童內考取。附學生二十四人，由欽天監選送。教以天文演算法諸書，五年學業有成，舉人引見以欽天監博士用，貢監生童以天文生補用。」學生在官學肄業、貢監生肄業或考得舉人後，經過了五年對天文、算法、陰陽學的學習，其中精通陰陽術數者，會送往漏刻科。而在欽天監供職的官員，《大清會典則例》「欽天監」規定：「本監官生三年考核一次，術業精通者，保題升用。不及者，停其升轉，再加學習。如能黽勉供職，即予開復。仍不及者，降職一等，再令學習三年，能習熟者，准予開復，仍不能者，黜退。」除定期考核以定其升用降職外，《大清律例》中對陰陽術士不準確的推斷（妄言禍福）是要治罪的。《大清律例·一七八·術七·妄言禍福》：「凡陰陽術士，不許於大小文武官員之家妄言禍福，違者杖一百。其依經推算星命卜課，不在禁限。」大小文武官員延請的陰陽術士，自然是以欽天監漏刻科官員或地方陰陽官員為主。

官方陰陽學制度也影響鄰國如朝鮮、日本、越南等地，一直到了民國時期，鄰國仍然沿用着我國的多種術數。而我國的漢族術數，在古代甚至影響遍及西夏、突厥、吐蕃、阿拉伯、印度、東南亞諸國。

術數研究

術數在我國古代社會雖然影響深遠，「是傳統中國理念中的一門科學，從傳統的陰陽、五行、九宮、八卦、河圖、洛書等觀念作大自然的研究。……傳統中國的天文學、數學、煉丹術等，要到上世紀中葉始受世界學者肯定。可是，術數還未受到應得的注意。術數在傳統中國科技史、思想史，文化史、社會史，甚至軍事史都有一定的影響。……更進一步了解術數，我們將更能了解中國歷史的全貌。」（何丙郁《術數、天文與醫學中國科技史的新視野》，香港城市大學中國文化中心。）

可是術數至今一直不受正統學界所重視，加上術家藏秘自珍，又揚言天機不可洩漏，「（術數）乃吾國科學與哲學融貫而成一種學說，數千年來傳衍嬗變，或隱或現，全賴一二有心人為之繼續維繫，賴以不絕，其中確有學術上研究之價值，非徒癡人說夢，荒誕不經之謂也。其所以至今不能在科學中成立一種地位者，實有數因。蓋古代士大夫階級目醫卜星相為九流之學，多恥道之；而發明諸大師又故為惝恍迷離之辭，以待後人探索；間有一二賢者有所發明，亦秘莫如深，既恐洩天地之秘，復恐譏為旁門左道，始終不肯公開研究，成立一有系統說明之書籍，貽之後世。故居今日而欲研究此種學術，實一極困難之事。」（民國徐樂吾《子平真詮評註》，方重審序）

現存的術數古籍，除極少數是唐、宋、元的版本外，絕大多數是明、清兩代的版本。其內容也主要是明、清兩代流行的術數，唐宋或以前的術數及其書籍，大部分均已失傳，只能從史料記載、出土文獻、敦煌遺書中稍窺一鱗半爪。

術數版本

坊間術數古籍版本，大多是晚清書坊之翻刻本及民國書賈之重排本，其中豕亥魚魯，或任意增刪，往往文意全非，以至不能卒讀。現今不論是術數愛好者，還是民俗、史學、社會、文化、版本等學術研究者，要想得一常見術數書籍的善本、原版，已經非常困難，更遑論如稿本、鈔本、孤本等珍稀版本。在文獻不足及缺乏善本的情況下，要想對術數的源流、理法、及其影響，作全面深入的研究，幾不可能。

有見及此，本叢刊編校小組經多年努力及多方協助，在海內外搜羅了二十世紀六十年代以前漢文為主的術數類善本、珍本、鈔本、孤本、稿本、批校本等數百種，精選出其中最佳版本，分別輯入兩個系列：

一、心一堂術數古籍珍本叢刊

二、心一堂術數古籍整理叢刊

前者以最新數碼（數位）技術清理、修復珍本原本的版面，更正明顯的錯訛，部分善本更以原色彩色精印，務求更勝原本。并以每百多種珍本、一百二十冊為一輯，分輯出版，以饗讀者。

後者延請、稿約有關專家、學者，以善本、珍本等作底本，參以其他版本，古籍進行審定、校勘、注釋，務求打造一最善版本，方便現代人閱讀、理解、研究等之用。

限於編校小組的水平，版本選擇及考證、文字修正、提要內容等方面，恐有疏漏及舛誤之處，懇請方家不吝指正。

心一堂術數古籍 珍本／整理 叢刊編校小組

二零零九年七月序

二零一四年九月第三次修訂

敘

余素不諳地理事往憶在
京師時每見親友家有倏
數年而興發者有倏數年
而衰落者人莫不曰某家
某地得也某家某地失也

而余揔未之知也及來佐
理越郡山川秀色燦爛目
中里巷大小户莫不滿陰
陽搜吉地余因是尔動合
焉追攝登陽事諸生中得
一袁玉畫者素行孝友人

也為嚴尊卜葬域延堪輿家以求鶴舉而人各異詞理多淆雜吉凶無一定之見以甚拗似之庚辰春嚴陵張九儀以探親戾止諸登玉書素讀其四彈子砂

水要訣兩書每圖會悟々無由一旦貴臨相見不啻飢渴之得遇飲與食也遂盡弟子禮執經而問難焉追隨間覆視古仙蹟其中貴賤貧富了々在目一如

素識者往人遂以為神奇詭怪不可以尋常測識而不知其寔平易淺近篋中所手錄者不過一琢玉斧巒頭歌括而已支琢玉斧初學入門之書而九儀

增釋之謂之以已注舊地
而發明之是知讀書者不
在多而在精固非獨制舉
家為然也雖河洛之理挨
星之法口授以傳者固有
秘旨而取其理而布施之

寔跡取其法而運用之岡巒實不外此歌括中所論之盡焉即余之素不諳地理者捧誦之批閱之亦不覺為之動念已皆

康熙辛巳仲春奉直大夫
同知紹興府事漁陽祖
光珮題於卧龍官舍

嚴陵張九儀增釋地理琢玉斧巒頭歌括

受業諸暨陳　絲持三 庠姓嚴

趙　斌方旦 榜姓朱

趙　溥功成

男張廷楨貞木

張廷樫聖木

壻蔣徵祥發其同課

受業暨庠袁士麟玉書參訂

徐先生。福建潭邑庠生也。故著地理書融徹通貫。

諱之鎭。字試可。其地理琢玉斧內。巒頭一卷。誠堪輿家程式。殊原版字樣細密。難于批閱。今特展開録之。其中採集古仙成語。發揮歌括。非徐氏私言。先生特集其大成焉爾。未聞道之士。初學入門之大綱。在此。即聞至道。造化在掌中之儒。如賴廖朱蔡諸先哲。變化通神處。亦在此。輕狂術士。愼毋以其近淺而忽之。或曰。巒頭歌括取而録之。則理氣作法。似亦宜取。余曰。吾據其理氣卷中論。龍多取六秀淨陰。而所見舊地。坤申寅甲坎離。發福者居多論向止知龍上取義而所見舊地皆從消納法中取向不拘泥淨陰淨陽論水法專重生旺墓左右旋唯取正五行而所見舊地併不獨生旺水不入墓庫且多墓庫水從生旺方流去者以及論砂止動襲玉尺等書冠冕套話並不知實講某龍某向某方砂高該發貴某方砂高該發富某方砂高該出强盜或絕丁或貧窮是四者皆不足取為準則此理氣卷之不錄也至于作法正考證卜地之功効以備龜鑑者也而各舊地圖止以畫得工緻

為美觀。並不實指此地何龍何砂。該何應驗。即如
所載蘭溪飛鳳形。止浮讚龍局美好。並不說明此
卯龍緣何立申向。四旁砂。獨立馬。緣何在戌方。交
馳馬。緣何在酉方。左手未砂。逆水作案。唐漁石公
諱龍者。緣何辛酉舉人。戌辰進士。總制三邊。其子
小漁公諱汝楫者。緣何己酉舉人。庚戌狀元。官至
春坊。俱不明白。講出且戌方高大之馬。亦不焰砂
畫出。入首主星垂頭紫氣。唐穴歪點在木頭左角。
向一小池為明堂。其正乳盡頭朝大明堂。立庚向

者。緣何不發。而反註唐穴謂向庚種種應驗。俱不說明。據此一圖。其他可知。（此地近嚴得以考正。若他地皆得登臨其竗訛悉明已。想是抄寫坊刻不止一琢玉斧為然。）此作法卷之亦不必錄也。若夫巒頭卷則精美無比。尋龍歌自行止以至棄取點穴歌。自四落以至乘氣。撥砂歌自情形以至鬼樂。鑑水歌自分合以至水泉。龍穴砂水凡巒頭中之大處小處顯處隱處。一一詳細言之。學者誠熟記而精研焉。則胸中之規矩準繩確有定見。雖旁涉

他書亦無非發明此旨而已此巒頭卷誠為後學程式也此予之所以錄也

皇清康熙己卯歲仲秋上浣嚴陵建庠張鳳藻九儀述于無錫九龍山之麓

竊怪今之術家或曰予精理氣也或曰予熟巒頭也而予則曰不知巒頭焉知理氣不知理氣焉知巒頭夫人必有耳而後可以作聰人必有目而後可以作明今之堪輿喧談理氣而不知配以巒頭

是猶無耳無目之人責其聰且明已吾故謂不知巒頭者焉知理氣也近君子遠小人則受其益近小人遠君子則受其損巒頭中為生為旺君子也為煞為洩小人也君子小人心異而形則同今之堪輿止論形之卓拔清秀森森羅列不問其中生旺煞洩邀福固難罹禍實易已吾故謂不知理氣者焉知巒頭也余師向刻四彈子砂水要訣理氣書也而巒頭寓焉今增釋琢玉斧巒頭歌括巒頭書也而理氣寓焉是巒頭理氣分析不開造化在

掌握中。而地理之能事畢矣。朱蔡廖賴之緒。藉以不墜。此余參訂歌括。不敢自秘。爰授諸梓。以為仁人孝子留心斯道之一助云。門人袁士麟述于東川之介福堂。

巒頭歌括

明南閩潭庠徐之鏌試可著

堪輿家行世之書。論巒頭者。五星為正。及楊廖變為九曜。張李廣言龍格。兼之卜曾蔡謝諸仙師。俱鑿鑿著言。發盡天地之秘矣。然苦其繁多。後學不得入門之要法也。予因重編天機會元書之餘、合古今行世籍會博歸約纂成數章歌訣。安敢以作者自命、亦聊扶前人已發之秘。使學者便于記誦。得其要法而入門之有途也。因名巒頭歌括云。

陰陽歌

古傳地理千百卷。義括陰陽兩字間。識透陰陽奇妙處。無愧人間行地仙。

此言地理諸書不同。總不外陰陽兩字。括其大旨。

古人曰。識得陰陽顛倒顛。便是人間行地仙。是也。

水本陽兮山本陰。動流靜峙兩般尋。陽辟如夫陰如婦。夫主施兮婦主承。婦不承夫終不育。山無水界氣不住。夫婦交兮孕始生。山水交時眞氣聚。蓋緣動靜互為根。陰中有陽陽有陰。若然山飛再水走。二氣不交地不成。

山體峙而靜。陰也。婦也。水性流而動。陽也。夫也。夫婦交而孕成。山水交而地結。郭氏曰。來積止聚。沖陽和陰。此言動靜之大綱也。蔡氏曰。天下道理。欲向靜中求動。動中求靜。凡成龍之山。必踴躍翔舞靜中取動也。結地之水。必彎環悠揚。動中取靜也古人謂山本靜。妙在動處。水本動。妙在靜中。是也。此動靜互為根也。若山順走而飛。水不合而走。是為陰陽不交。何以結地。此言動中取靜。靜中求動之妙用也。總論山水。

陽體高兮陰體平。高山為陽。平地陰。乳突陽也。窩鉗陰也。同此義。廖公論體此其因。此以形體論龍

陰性翕聚陽舒散。壠龍凝聚支散漫。楊公論用義攸
深窩鉗陽也。乳突陰也。同茲判。此以氣脈論龍。
雖然楊廖似殊旨。理似廖家為準的。高岡為陽平地
陰。蔡氏言義堪參覓。

東湖主云。第二節論山水之陰陽。第三節第四節。
論龍身之陰陽。廖公以形體論龍。楊公以氣脈論
龍。當今皆以氣脈論地。似從楊說為便。
今將飛鳳形地。琢玉斧刻本舊圖及予親臨
真圖。開後參看。以存辨別。

琢玉斧原圖云蘭溪唐狀元趙探花祖地胥落盡落並結圖

琢玉斧原評

穴後。諸山無關。禍福畫得工緻。何益哉。

右地在蘭溪縣東三里。地名瑞龍。其龍自金華峯作祖而来。五星聚講。復辭樓下殿。開幛磊落。開金水帳。中抽出一脈。透迤成垂頭紫氣貴格。經曰。垂頭紫氣號文星。天下盡馳名。而大小雙峯。成天馬之格。斷曰。大馬趕小馬。富貴傳天下。葬後出漁石公。龍登進士。官至吏部尚書。其子小漁公汝楫。登庚戌狀元。富貴鼎盛。其盡結者。為趙探花公志皋祖地。與唐狀元共帳。入首大飛鵝。頓起太陽金星。開鉗結穴。兩股直硬。元辰流長。虎砂順水尖竄。不

利初代。將及百年乃出貴。先是探花始祖精堪輿
學。自擇此地。其後人財富貴昌盛二妻各卜一地。
一富一貴探花公官至宰相。

傳奇

探花公之祖。官縣佐。精堪輿學。愛蘭邑山川秀麗。
自衢還之。二妻各卜一地。一貴一富。貴者乃一木
沖霄形課云。一木沖霄勢挺然文章四海有名傳。
雖然衣紫胥金貴。畢竟家無半頃田其富地乃仰
天湖形。課云。分明一穴仰天湖倉庫重重文秀孤。

累陳貫朽房房有。若要求官半個無。今二房子孫。貴者少富富者少貴。果如其言。

東湖主云。一木沖霄地在洪坑金華老山中。是不發者。蔭趙祖好地而未得道。若果得道一二代即發。詎有自宋至明。四五百年而發的理。

東湖主。親到蘭溪臨穴。眞圖及說開後。

凡砂被高山蔭住頭便滅福力。此地特立馬。稍出頭插天但惜起在戌之末關故官不大顯。

唐狀元飛鳳形祖地圖

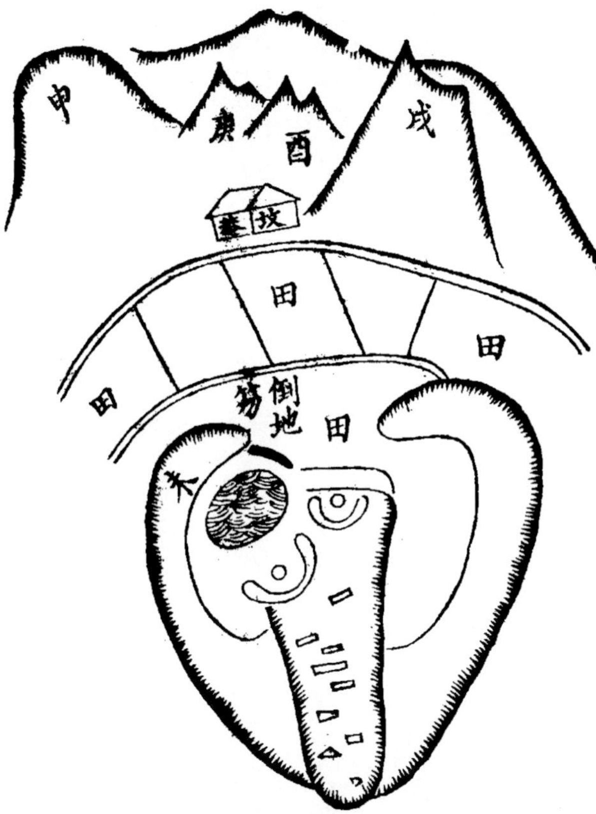

交馳大小馬。雖在大山疊下。却喜層次清楚。旺相。且為金馬。故掌兵權。卯龍枯。溢酉馬光采。故二貴皆酉上發科。

紫氣垂頭。且有裀褥為証。却不大發。唐穴向一小池。雖得紫收水。而穴前却峻削。乃發顯貴。看來消砂之功神矣哉。

予閱蘭溪飛鳳形。龍身強旺。垣局緊簇。未砂員淨。貼近身側。戌砂雖遠有四箭。而天馬高拱。明堂甚小。應三代發福。乃傳數代。後得田龍裏催官地方發者。以龍身雖是垂頭紫氣。而枯槁乾澁多頑石也。正頭。乘卯氣。扦庚向。得納甲淨陰法。明堂又正大寬平。而發止丁財者。以火宿森森。而申煞遠照

戊未二砂雖開面向來却制為奴上手砂太重下
手砂稍輕且堂形雖似可觀而水情終不凝靜也
唐穴則于左耳側木頭閃角處乘寅甲氣扦申向
相遠不過二三丈而戌未更加親切面前小池幽
閒靜貞右手田水遠來左手青龍一臂逆水插上
以收之最為緊簇遂發大福世人看地可不慎與
甲龍出狀元鼎甲予于蘇州竹塢文震孟祖地蒸
山周宏祖地并此地三見之已世人為何以寅甲
而棄之所以然者二十四龍與砂內乾甲坤巽多

出鼎甲子龍多出解元以乾為八卦之首甲為天干之首又為乾納巽為角木蛟所居為二十八宿之首坤稱至哉坤元與大哉乾元並稱而子且為地支之首也外此丙午丁以在天子端門辛司文章而納于巽故亦出元

趙氏金釵形坐卯向酉酉上朝山員淨如鏡所以配金釵也逆水而横過下首左臂從朝山後大山走過來緊護金釵之山在穴視之相去不過數丈貼切親近不使水走風吹為力最重是探花遠祖

原與別家共葬彼則竟絕。但形局甚好。而左右兩股。亦少潤澤多石。石又皆偏向右邊。不相拱合。似亦美中不足處。以

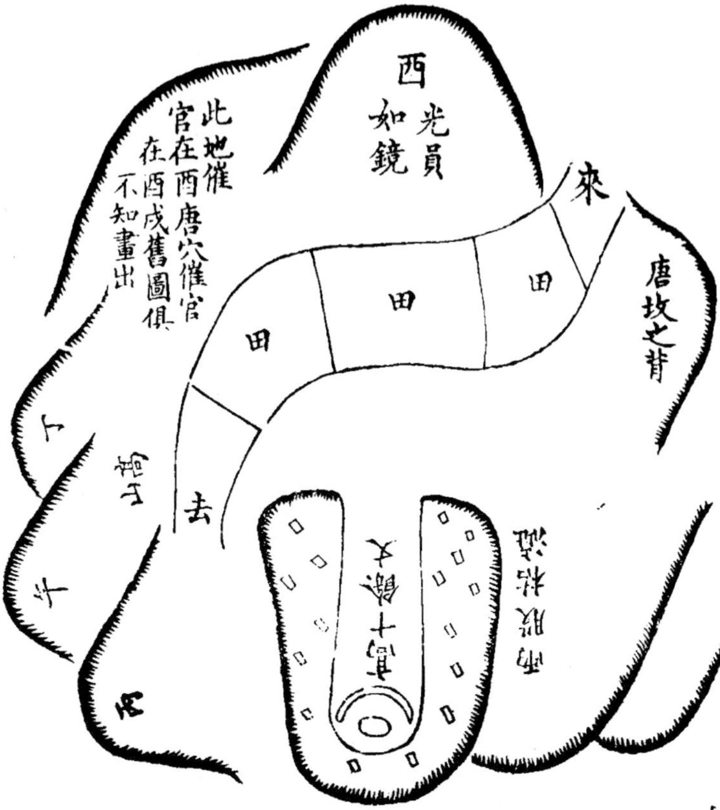

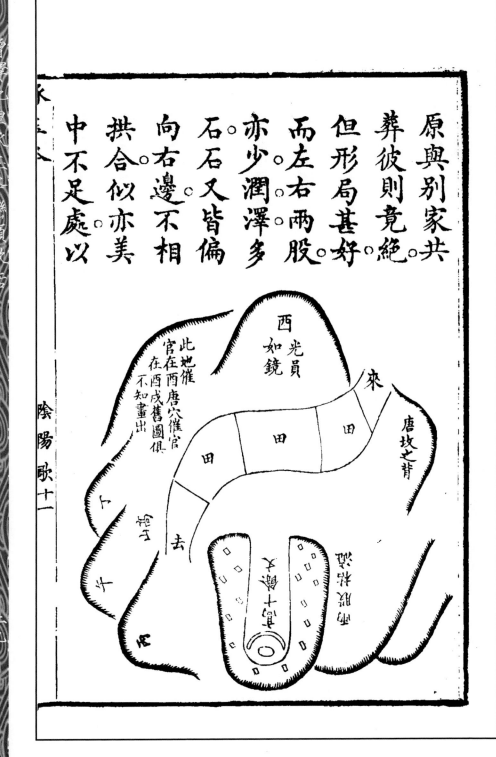

予親臨飛鳳金釵二圖與說與琢玉斧所載圖說兩相較視思過半矣

探花近祖地在縣東二三十里是金華大山之下艮龍落脈到田平坡一線過峽拖長半里穴即點在東咽過峽之處頂住龍氣畨身朝山將山上下來之水層層到堂收住穴前但自穴至田約十五六丈田水不能入口乃將平坡鑿開使面前之土覓與田相平等後背出去之龍竟作餘氣拖鬼撻此地山川之結作固好而人工之湊合尤佳龍自

來氣過後。形如水面浮排。竟向西南直走東北向山脚處。特其餘土。故人皆往西南盡頭處點穴。却

蘭溪趙相公志阜祖地圖

左右護砂不起。面前田坂大數百畝。曠蕩無收拾。

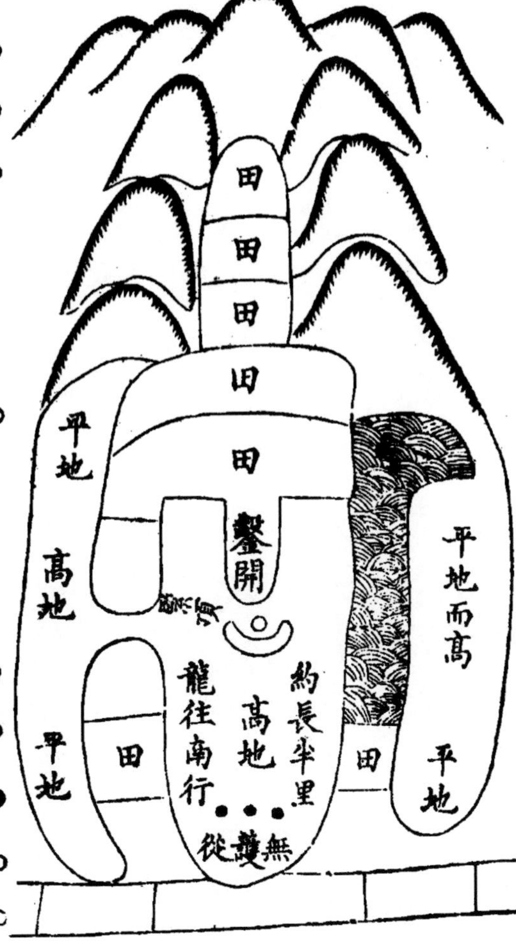

大田坂無收拾

生氣散于飄風自然消索不振向後高山之下田源層層拜來明堂周正緊簇方是真明堂明堂亦自有真假世人不知無奈臨田處是龍餘土真氣不到穴點其間必不能發此點穴欲朝山向好明堂不得不用胥腧受氣法點在承接過來脈氣之處而自穴場以至田際却遠有十五六丈田水不能到口則生氣不靈動乃用人力中間鑿去一條開成鉗口以為甬道使與田平收進田水如此作法砂水並收方能發福地好以人力成之閱此大

尋龍歌括引證地圖說目錄 共一十六

蘭溪飛鳳金釵二地舊總圖 陽歌七頁
唐狀元祖地飛鳳形真圖 九頁
瑞龍金釵形趙探花祖地真圖 十一頁
蘭溪趙相公祖地 十二頁
龍游岑山下余氏父子進士地 尋龍歌十四頁
休寧董德彰留記珠塘地 十六頁
休寧賴布衣留記伯山地 十七頁
無錫大池口徐氏架上金盆地 十九頁

諸暨平澗地 二十九頁
武進横山橋蒼龍擺尾楊氏地 三十二頁
武進陳圻梧桐枝黄氏地 三十六頁
杭州西湖南屏山下地 四十三頁
無錫青山彎都御史高忠憲公祖地 五十三頁
武進白家橋世科甲二白尚書祖地 五十三頁
無錫龍山尾秦氏世科甲地 五十四頁
蘇州支硎山張氏巨富發貴地 五十五頁

目錄終

長人學問。故附錄于此。

尋龍歌

尋龍先識行與止 此大綱也。一望便知。去來分合勿昏迷。此亦大綱。但求其合處。餘皆可知已。遊鱗風翼非真落。此處宜着眼。須别真與假。勒馬橫弓識止機。孰非砂。勒。馬。之。砂。有。力。孰非水。橫。弓。之。水。多。情。看地到此。便有把柄。便有入手處。

龍之行動未住曰行。砂走水流。停止不去曰止。好箇停而不去。砂回水遶也。何以知其行。水之所分。

山之所發。此龍之行處也。人所易知。何以知其止。
水之所交。山之所會。此龍之止處也。人所易知。故
觀今之南龍。長江與南海相夾。其脈起岷山。趨夜
郎。踰五嶺。由汀歷邵。抵信走徽。盡于建業之江陰。
此南龍起止之大略也。南龍盡于江陰以建業言
也。若以天目言。則又盡于海寧海鹽。故劉伯溫曾
有大記。今之中龍。黃河與長江相夾。其脈起西嶺。
行隴右。過漢中。出熊耳。落河南。盡于山東之登萊。
此中龍起止之大略也。人言中龍實止淮揚。山東

之太山。則北龍從遼東下海。起登萊。結太山。以作山西外水口之大捍門。今看太山。山面皆向西。趨兗州。而渤海石焦險惡。元時海運受累。是太山從遼渡海而來。不為無據。今之北龍。鴨綠與黃河相夾。其脈自崑崙出闐顏。去瀚海。轉白登。循常山盡于燕京之平彎。此北龍起止之大畧也。北龍從西北轉向南行。左股遼東。遠在邊徼。中股燕地。僻處直省之東北角。均無中天下而立。定四海之民之勢。唯右股山西等處。北來雲中諸大山。擁鎮于後。

而黃河界其上。太行千餘里長山。抱攔關鎖其下
也。所以上古聖人。歷來諸大名賢。多出其間。所云
居中建極。以御四方者。似惟山西省為然也。余遊
京師。但見上手西山。雄峙一方。層巒疊嶂。向南直奔。
並不回頭彎抱。下手通永。皆平原曠野。無崇山峻
嶺。插出水口。以作下關。如此形勢。上重下輕。所以
遼金與元。歷數甚短促。明季稍長。究亦皆一敗不
能復興。非若漢唐宋。中間衰落。又能再振。此事唯
望忠君愛國之大臣。欲定鼎不替者。思所以獻謨

可也。余想中國形勢。好像人之右手覆掌形。北龍。自北岳恒山。向南直走。正似右手太拇指然。中龍。陝西在食指根上。骨節用力處。河南以下。在食指之二三節。所以彎抱乎拇指者。南龍。如中指最長。則又彎抱乎食指。雲貴廣西等處。如無名指小指。縮退西南隅。以配東北遼東諸地方。今觀閩浙進京。路非正北。皆由東南至西北共五六千里。中半折來。從北京正視南方。則閩浙之插下海中。似有二三千里。則京城正在拇指外。山西等處。實在虎口中間。如此看來。則形勝之在何處。不言而明已。極其中。或高隴。或平支。支中幹。幹中支。郡邑市鎮。宅墓基地。不可勝紀。總之水與山交而氣方聚。交則聚。龍因水界而氣旋止也。界則止。故楊氏曰。分牙布爪龍欲行。分布便行。藏牙縮爪龍欲住。藏縮便止。撓棹閃後龍欲去。撐上前去。手足向前龍欲止。向前踞住。非欲止乎。古人又曰。有訣法識龍行。山山脫卸向前騰。又一法。知龍止。山山合抱如朝揖。此即山之去來分合而可識龍之起止也。此

其一○

蔡氏曰○其出也○必有自然之來○則有分水以導之○其沒也○必有自然之止○則有合水以界之○有合無分○則其來不明○有分無合○則其止不真○此即水之分合動靜○而可識龍之起止也○此其一○上分下合○此為正理○有分無合○是虛花○若有合無分○穴多結作○古人云○不問後頭來不來○只要金魚水蔭腮○若有蔭腮金魚水○後頭不來也自來○每見發福舊地多如此○不然○心目昏迷○起止莫辨○徒將龍身撓掉溜下○指為乳頭○最易誤人○混認左右枝脚

署鈎。錯作龍虎。最易騙人。糊塗混過。亦似門面堪觀。精細審來。並無眞龍住落。此皆心目昏迷所致要知何故昏迷。人能自醒乎。故劉氏曰。雖或開門立面。總歸風翼遊鱗。正此謂也。是以善尋龍者。務窮龍身之發足。迂了。善審局者。務求砂水之交横。此在登穴處求之。俗人錯解。認青龍便走到青龍身上去認。辨界水。便走到界水界處去辨。可笑可恨。故劉氏曰。砂如浪湧。水如鱗交。誰識方來之跡。水似横弓。砂猶勒馬。孰知止扎之跡。正謂此也。風巽者。風林宿鳥。焉有寧翼遊鱗者。急水遊魚。豈有縱鱗。

朱子曰。冀都是正天地中間。好個大風水。山脈從雲中發來。大同等處雲中正高脊處。言雲中地形在正高脊處也。自脊以西之水。西流入龍門西河。自脊以東之水。東流入海。前面一條黃河環遶右畔。是華山聳立為虎。自華山來至中為嵩山。是為前案。遂過去為太山。聳于左。是為龍。淮南諸山是第二重案。江南諸山及五嶺。又為第三四重案。

中國三幹龍輿山

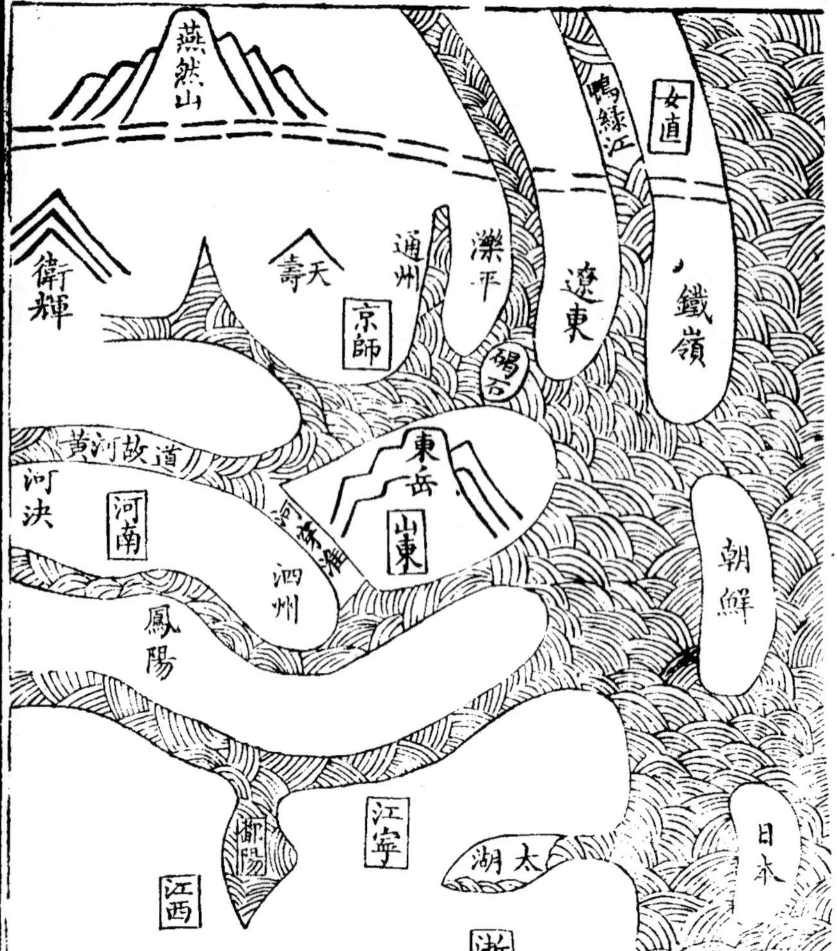
燕然山
女直
鴨綠江
衛輝
天壽
通州
京師
灤平
遼東
鐵嶺
碣石
黃河故道
河決
河南
東岳
山東
泗州
鳳陽
朝鮮
鄱陽
江寧
太湖
日本
江西
浙江
福建
琉球
瓊

水分合起止之圖

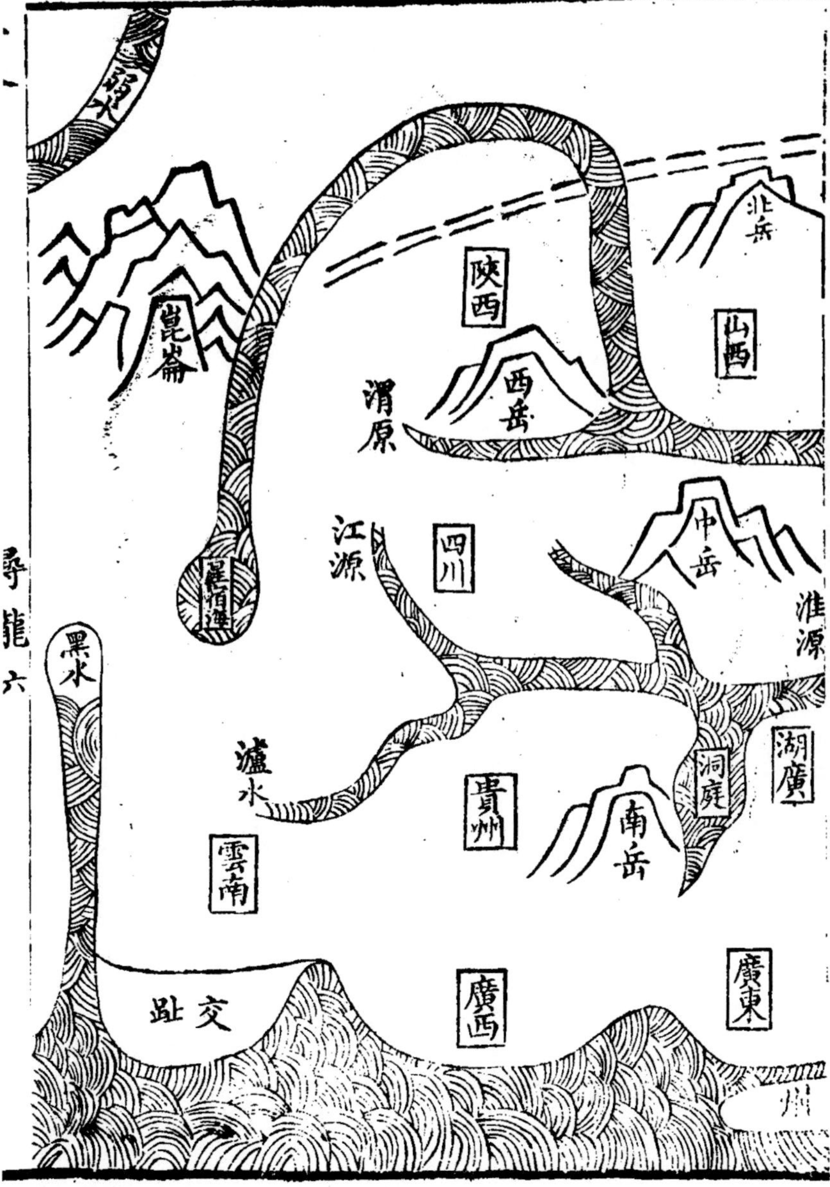

山水起止分合勒馬橫弓之圖

吳興唐子鎮曰北龍燕京為枝結堯都為正結
仁山金氏曰天地常形固相為勾聯貫通條理各
有脈絡北絡中絡南絡外唯太山則特起東方橫
亙左右以障中原為中國表鎮
安徽按察司王公諱興禹嘗謂予曰先生亦知太
山所自來乎人皆言從中龍河南下來殊不知中
間平原曠野全無墩阜脈脊可証今以其形勢之
可據者觀之實從遼東渡海至登萊上岸以結太
山予聞之欣然大慰曰予向觀輿地圖見登萊海

中石焦嵯峨。水波噴激。不解其因。今日方知其為
太山崩洪也。元朝海運。屢屢壞船。唯此之故。後遊
京畿。經嵩山太山。左右見其大勢。皆從東而西。則
金仁山特起東方四字。非虛語。已且朱子所言冀
都正天地中間好个大風水。是指堯都平陽言。觀
下文山脈從雲中來一句可見。而地理人子須知
徐氏兄弟違情背理。阿諛明朝。以幽州原在冀州
分出。說朱子好個大風水。指順天說。則順天後龍
是雲中來乎。何其謬也。

第二尋龍尋祖山。辭樓下殿細推原。有樓有殿。祖宗好了。却亦處處皆然。宗祖骨奇孫子秀。到頭氣化此中傳。所謂三復三關。无復无是也。

人無祖惡出。山無祖惡來。是以龍有祖。辟之樹有根。根固枝茂。根撥枝枯。祖龍貴而子孫亦貴。龍祖賤而子孫亦賤。總之祖喜高昂端聳。高聳不足喜。喜在端與昂。形忌低弱欹斜。形低不足忌。忌者欹斜與弱耳。廖氏曰。祖龍高起名樓殿。常有雲氣現。繚遶名為聚。㟬山根本在其間。珠山集曰。尋龍法。

看龍宗。祖宗高大子孫雄。高大而雄。皆老山中粗惡相。若是龍祖微弱了。到頭氣化也相同。到頭微弱。尋地大忌。合之可知龍祖所係之重已。

龍祖樓殿池衛圖

龍待出身。頓起高大星峯。謂之龍祖。以老山中言。龍祖高尖曰樓。木。火。也。員平曰殿。土。金。也。樓殿之下有單池。名曰天池。蔭龍水。有雙池者。左曰侍。右曰衛。乃大合水發源之處也。皆自老山言。如嶽之黃山。杭之天目。宜興之桐棺。為衆龍發跡之始。

第三尋龍分正從。兩傍為從。各自起峯。以護中龍。主中坐。端坐默無言。誰知三脈難拘論。曾見兄弟兩枝奔。兩相朝應。兩邊皆結穴也。會主賓雙路至。一枝結穴。一枝作案。到此枝幹向誰分。請君如法工着眼。須將主從別卑尊。主尊從卑。然尊者却端靜低小。而卑者却踴躍起伏作威作福。

龍之初起。莫不同宗共祖。是的。出脈之際。自各殊支異脈。是的。或從旁出或從中出。也拘不定。中出之幹為主龍。兩旁分支者為夾從。此從出脈偏正。以定支幹主從。古人所謂穿心中出是真龍。龍不穿心力量細是也。穿心龍不貴在于過峽行龍處而貴在于入手之結穴脈處。至訣至訣。然龍未必盡皆三支。則局自不勝有變異。或兩支並出。兄弟共結。我為爾朝。爾為我應。謂之兄弟格。古人所云。入穴原來同局勢。出祖離脈兩支分。是也。或兩支同來。賓主相配。左穴右朝。右穴左朝。謂之夫婦格。雌龍結穴。雄龍為護者居多。古人所云。雌若為龍雄作應。雄若為龍雌聽命。是也。須着眼以別之。東湖主云。尋龍看祖山。自是常理。然却不可拘。儘有好祖山而結小地者。亦有祖山低微。而頓起星峯結大地者。不然。何以堯舜。聖也而生朱均。瞍鯀。頑也而生舜禹乎。總是人不知看地大竅。著書立說。只好把這些上。起些話頭。曉得大竅。正。龍。中。忽。指。為。從。從。龍。中。忽。指。為。正。俗人驚駭怪異。而不知其有確。據。也。確據全在巒頭上。巒。頭。上。有。一。定。而。不。可。易。之。理。氣。不知此理氣者。決不知巒頭。元空。雙山。生旺墓。皆無用。

龍出三枝分別主從之圖

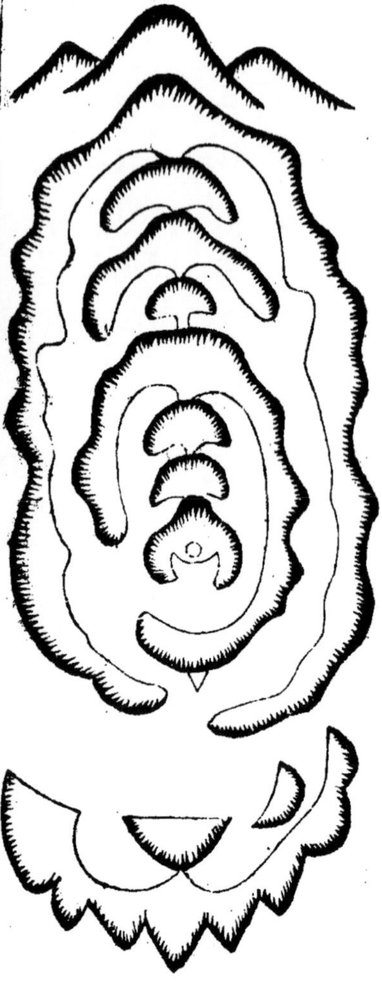

兩枝同出兄弟並結之圖

賓主兩枝夫妻互結之圖

第四尋龍尋帳峽無峽有峯空雄甲就中尋穴穴豈無難比大地眞融結融結二字正如爐中銷銀精液融化之妙言人立穴場有一種凝聚景況方為眞地

帳者龍之鋪張宏厚而挺身展翅乃龍之旺氣發舒為穴之根本果然平陽龍尤喜峽者龍之跌斷細嫩而脫胎換骨乃龍之眞精收斂為穴之咽喉非貴龍不有此也山龍固喜束咽平陽龍尤喜若夫夾從纏護之龍氣不透旺從何發舒氣不凝聚從何收斂此從龍之所以少帳峽也既無帳峽貴

氣○則雖龍身頓起高峯○衹為他人旗鼓護衛之具○楊公云○正龍身上不生峯○有峯皆是枝葉送是也○此二句詁識不錯○知此則知偷結地○非大已○

唯有真龍帳幔多○貴人出入星高卓○入帳貴人○出帳貴人○皆以木○星○為龍身也○峽中脫換更重重○穴結情形堪預度○註中講得明白○

從龍既以無帳無峽○而其力小○則真龍必然帳多峽多而其力重○所以龍行開帳龍方貴○脈出穿心脈始尊○穴後穿心脈○開帳者多○無帳者少○一重數

重為上格。偏脈偏出為下局。周探花蒸山。脈是偏
落的。故廖氏曰。若還開帳要中出。角落未為吉。不
盡然。兩重三重開府衙。也有止發富者。一重只富
家也。有開府衙者。若有貴人居帳下。此格眞無價。
是也。是可知龍最以帳幙為貴矣。

東湖主云。曾見賴太素為秦檜王夫人葬祖地。在
嚴陵分水縣西。名五馬奔槽形。過峽頓起一大帳。
是三台形。穴結左台脚下。又見杭州西湖裏老龍
井生于少保忠肅愍公地。庚龍折脚三台。穴亦結

左脚又見龍游余倘解元翰林祖墳與休寧珠塘大地皆三台格而脈皆非中落皆在中台之東左台之西界水中山脚吐出一線脈來則角落未為吉似非得道之言分水主氏杭州于氏二地皆是左台脚落圖說未備岑山珠塘二地雖非中落而實為穿心之脈廖公言脈出穿心脈始尊此句大為有驗圖說附左

龍游縣岑山下余宅地

凡砂中用神衆小特大衆遠特近固已不知特大

特近之中。文有衆老。特嫩。訣衆瘦。特肥。訣衆頑。特秀。訣衆濁。特清之妙。訣龍游岑山下。余成吾先生自卜地。左手玉屏兩塊。右手來龍華蓋三台落脈。一如文筆三枝。案似御街。天馬髙金作朝。似衆子皆利。而獨第三子諱日新者。辛酉鄉科。甲戌會榜。其子諱恂者。辛卯解元。壬辰翰林。富甲一邑者。何故。則以青龍手玉屏砂雖貴。却老瘦帶石。枯槁無顏色。宜着眼。又較右手山遠穴數百丈。宜着眼。此長弱之根也。而右手以來龍作白虎。既已有力。宜

留心認與左手是客砂有別又三台文筆秀嫩光耀太強勝了比近峙

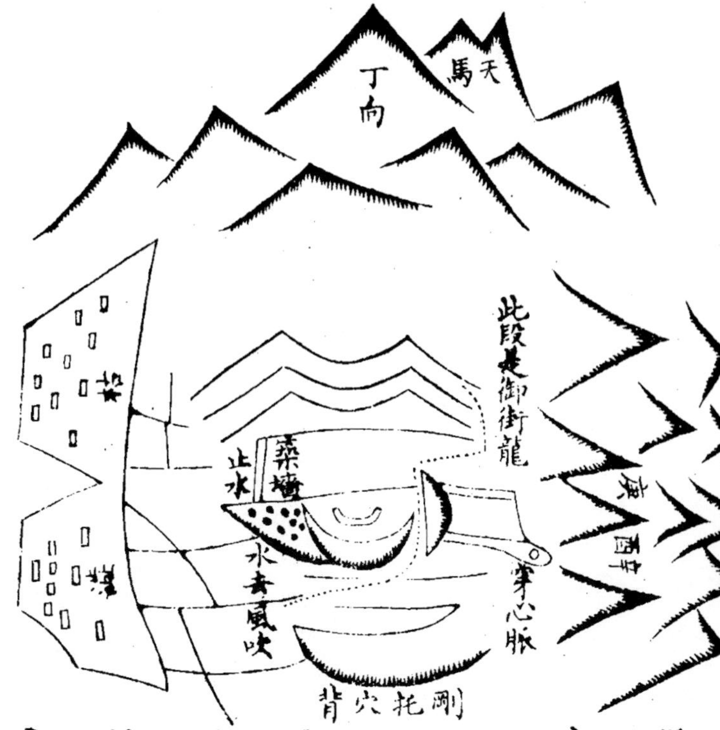

此穴法嚴陵黃泥穿案穴皆是拗龍就堂以點穴者俗術何為定以直龍直向受貧賤之害

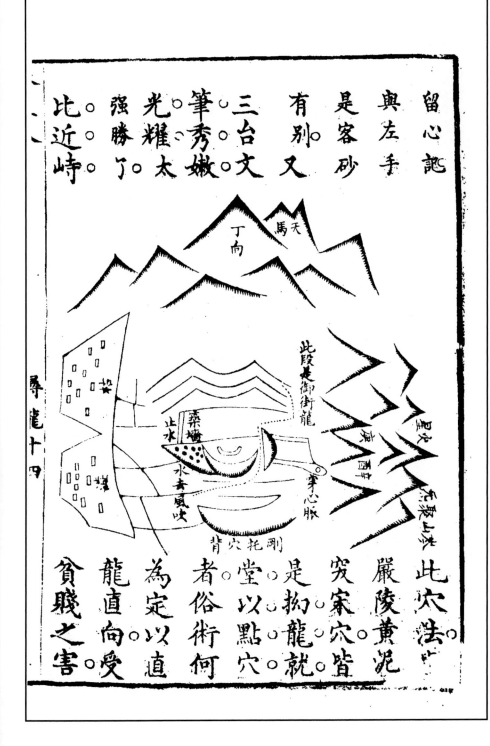

穴場也此三强之根也當日成吾先生葬元配時自知三子必發故目見日新先生成進士乙丑岫雲先生誕降知為大器以此地應在第三乃强以長孫作第一而以第三呼岫翁後果辛卯壬辰聯捷辰戌之應在西京塢金鐘形地且此地穴法尤為奇異龍身直向東方故人皆在盡處龍頭上扦葬殊知下手短縮水走風吹決不結地而後山三台落脈龍實秀旺豈有不結地之理成吾先生乃詳觀局面形勢聚在南方則向東之地非局勢已

在金星頭之右角上窆開向南橫葬。此地穴滿蘭溪之飛鳳形。淳安之貼壁蝙蝠皆是怪穴不以法者。學者宜詳加體認。三台既侍立右手逼穴場。而下手短縮之砂。適在穴場之背。以作樂山宜着眼。明堂橫列水不傾斜確難移易。此乃看地之眞竅者。邑人皆以穴情勉强壽槨必然不殊。知數十年後。成翁合葬。熱氣滿槨乾燥不泄。脉從心中穿出。成御街龍而發富貴者也。

徽州休寕珠堂地記 伯山地記附內

閱古仙飛布。鵝塘筍坑尖。珠塘伯山諸大記。每
想其地形不知作何情狀。果為確然不可移易
所亦如各處土記。指東話西者乎。丙寅冬。謬
付邑東竹林汪宅相招看地。得看呦鹿啣花。仰
大海螺。螳螂捕蟬。風飄羅帶。靈貓捕鼠。諸發福古
池。而珠塘伯山。得寓目焉。但見珠塘果是五腦芙
容帳。果是亥脈王字龍。果是獅象日月為捍門。所
云翼軫星峯。織果然星峯高起。所云天機落在吳
上。果然仙帶脈渡過吳山上。頓起高峯。五股飄

下中抽落田再起金星蹲踞局中亥脈入穴日月獅象居穴右邊以塞水口巽軫星峯峙穴左

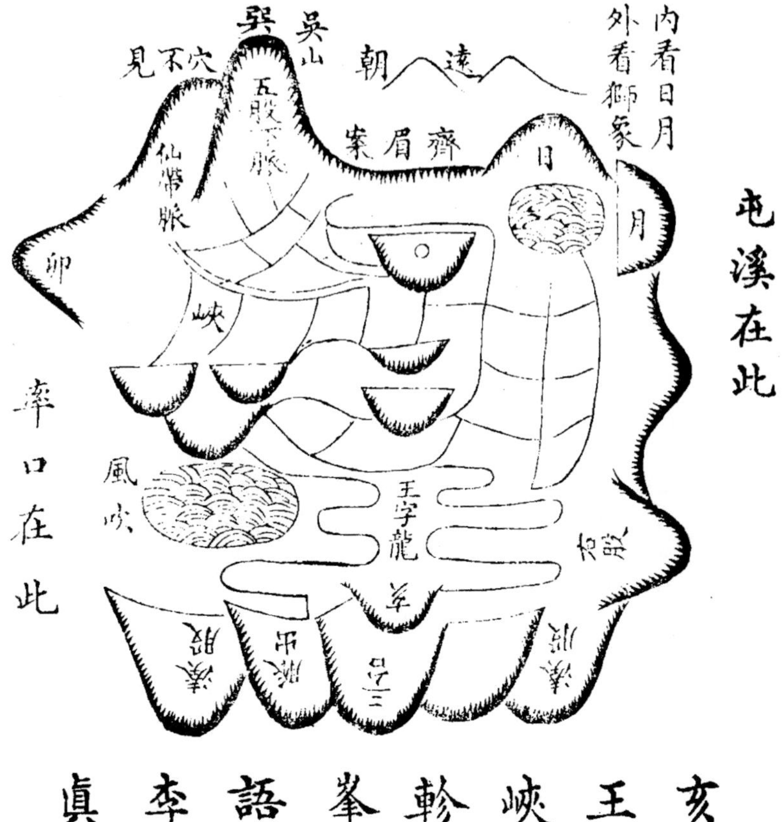

亥龍王字峽巽軫星峯等語乃李德眞記

手以作催官案近堂繫被屯溪中街程氏所葬殊
遭俗士不知此中理氣以木來生火之地反入土
被木剋局受害不淺辛啟去之而伯山穴塲尚安
然無恙未遭耡掘但始見猴騎石馬出離宮虎趕
山羊來天市二語疑其近于怪誕誰知到地一看
馬果是石果是猴騎果是山羊被虎趕來天市始
謂就球固不然棄球亦不是亦同各處土記打諢
謊語誰知穴塲果不在球果不離球而且坐着啟
明面長庚果然穴塲在啟明面長庚之所移動不

休寧縣賴太素留記伯山地圖

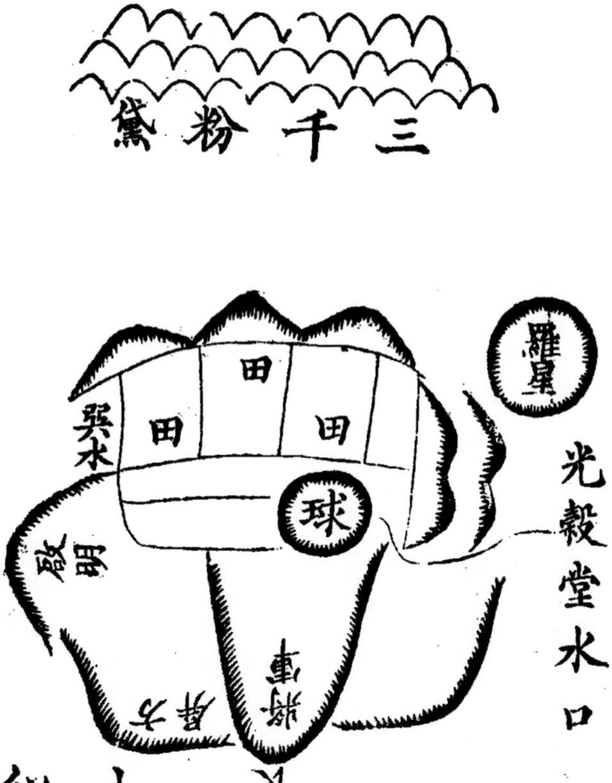

聞有見吾刻本而拚葬者竟非穴法。山背有石似羊。

天市龍入首。從左肩廉貞起祖處來。故云虎趕來。

得。如此方信古人明白示人。在人未得此道真竅。遂茫然亂猜耳。今將珠塘伯山地圖賴董黔記。公諸同志共鑑賞之。若止知雙山元空諸五行者。不知中間造化之所以然。處處區無用費心。蓋此道非挨星正法。不能知也。

賴太素伯山地記

大地大地真大地。廉貞起祖真奇異。猴騎石馬出離宮。該云坤。宮。虎趕山羊來天市。天下本龍從有石如羊之寅方來。元機拋繡球。誰識球中意。意。字。

惟官即用球也。就球固不然，棄球亦不是，打破球中機，方識球中趣。穴在微茫難上難，扣得庚砂清方好，若侵入申，便要生禍，所以難也。神仙點破易中易。坐着 句 啟明面長庚，璇水東流貴無比。三十粉黛列于前，卓立端方屏後倚。謾擬鐘鳴鼎食家，子姓皇皇千萬億。嗟哉嗟哉，公山之北伯山南，踏破芒鞋幾往還。可惜眞金無賣處，一聲長嘆過三安。聞得筍坑尖地更美，為汪姓所得，行將埋沒已。

董德彰珠塘地記

人言大地在珠塘。誰識眞龍在内藏。天機妙處從來秘。留與善人作福堂。浮詞。這福堂世無雙。後龍貴格非尋常。也是浮詞。五桂齊芳王字峽東西日月夾兩傍。是眞的。入首博換朝天馬。天機落在吳山上。是的。細參詳。天乙太乙焰山向時人不許妄評章。虛詞。重峯疊嶂團團遶。萬派千流聚一堂。不在面前。日月捍門居水口。獅象外鎮勢軒昂。着實語。古人留記出卿相。我今還許狀元郎。積善之家扦此地。簪纓世代福無疆。此記便襲術家口氣。伯山記方是吾儒身分。

又云脈出穿心又成蜂胷鶴膝龍予曾于無錫大池口為徽郡徐必先葬朱令媳圖記附後此地入首龍為人字金星脈從陰囊出即生一太陽金又一線過脈細而且短細則氣不散漫短則力勁而不懈頓成金水鬥口體乃品字三台格且合鶴膝蜂胷穴已成之句但堂中凶煞雜亂惡不可當理宜築起窩口深藏以蔽之所云架上金盆是也土術未見賴布衣作法及董德彰伯山之地

徐宅大池口地

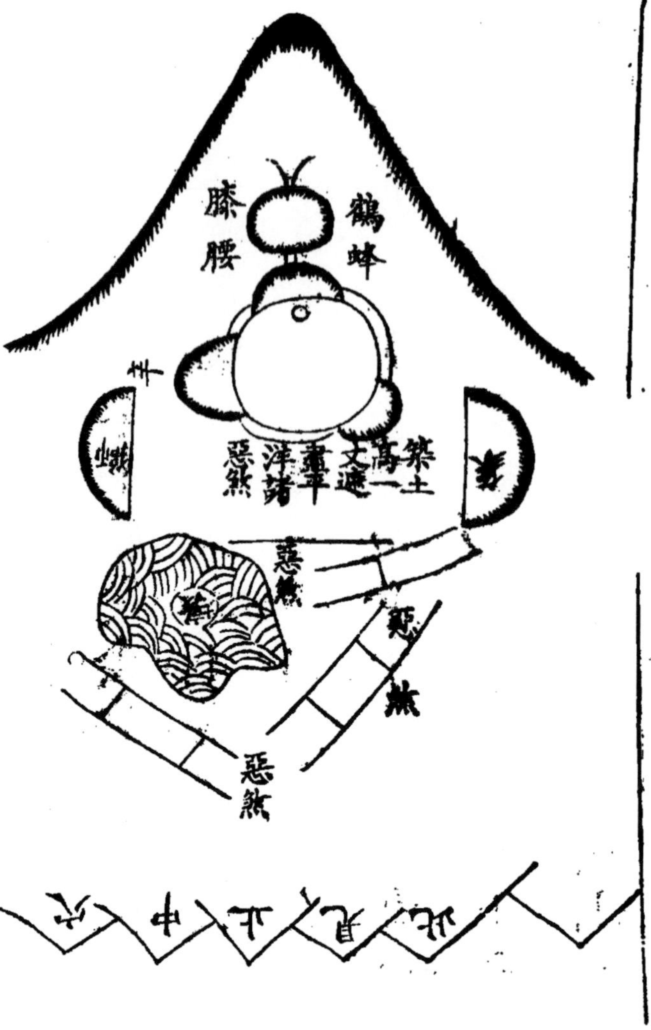

而以形似浴鍋為笑談鄙也甚已法用縮杖吞穴平上作催官即在右台局緊氣暖速發地也甲戌

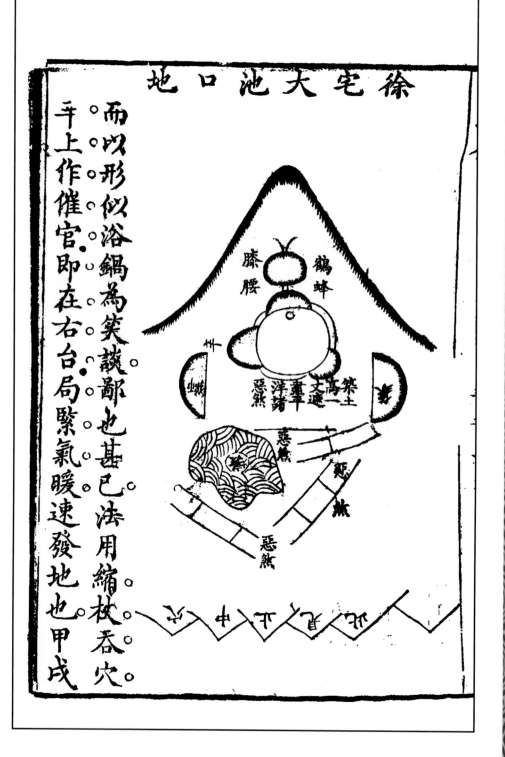

余欲自得。因常郡高嵩侶先生。捐刻砂水要訣。被必先獲之。己卯春邀予葬媳。令孫徐峻戊寅生。該辛卯乙未發。遲則辛丑決不爽也。郎君熙成訂議酬儀之法。備載鬮盟。若果如約。則更有以贈之。澆薄從事。唯靜聽焉。無用嘵嘵。

至于脫卸過峽。名曰結咽。咽因係人身性命。峽關龍身死生。所以渡峽處。鑿斷不得。風吹不得。來則于此脫胎換骨。去則于此養成體局。關係甚大。論脈有長過。短過。正過。側過。之不同。峽中之脈也。語質則有山峽。田峽。石峽。水峽之不一。峽雖不一。而脈之過氣則一也。或來大去小。或來小去大。大小之別。或有迎而無送。或有送而無迎。迎送之別。或胎與伏之遞傳。傳在隱顯之間。或雌與雄之互配。配有精巧之妙。或欲度而起天弧天角。壯觀。或將成而結鶴膝蜂脊。精美。不拘陰脈陽脈。雙脈與單脈。最喜重重包裹。雙脈者。或乾亥雙行。或丙午雙行之類。單脈則單乾單丙之類。非言形也。故無圖可畫。總喜包裹不使風吹。無論遠峽近峽。一峽[illegible]

峽。若得多多益善。峽不宜多。多則力疲。峽最喜近。
近。則。氣。緊。是以善尋龍者。峽中之奧妙。豈可不窮一
所以都要知道。善審峽者。穴內之情形自可預料
果然不差。正過者入穴亦正。好點穴了。側過者入
穴亦側。穴要點得巧了。山護者。穴結山藪。好看的。
水護者。穴近水邊。好看的。石脊與玉池殊峽。故灘
石之與捉月質分燥濕。好看的。山峽與田峽異體。
故山谷之與田際。局別高低。好看的。去山小而無
迎者。氣將斂伏而知其結作之在近。看地好訣。去

山大而有迎者。氣正發洩而知其涉歷之必遙。看地好訣。故卜氏曰轉關出峽處最怕風吹。風吹則龍驚寒。入首結胎時尤嫌水刼。水刼則氣怯薄。廖氏曰龍行過峽脈有四正出在左右次合之可得觀峽卜穴之法。

龍行開帳有十字帳者有丁字帳者帳下頓起星峯高出山頭者為出帳貴人低在山下者為入帳貴人。木星貴人體若金星火星便不可名貴人俗術不知分辨胡言亂說可笑。

十字帳格

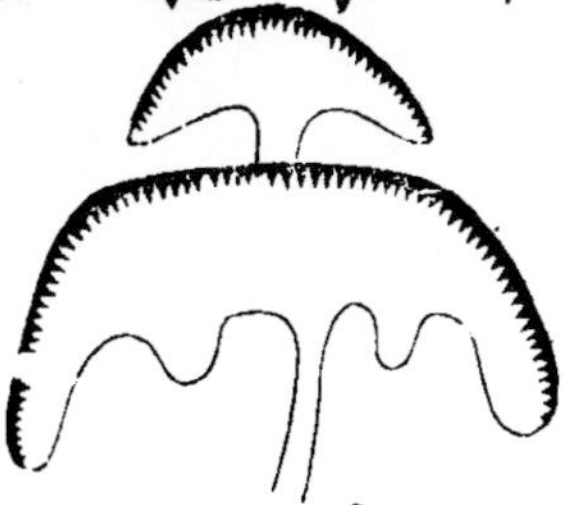

丁字帳格

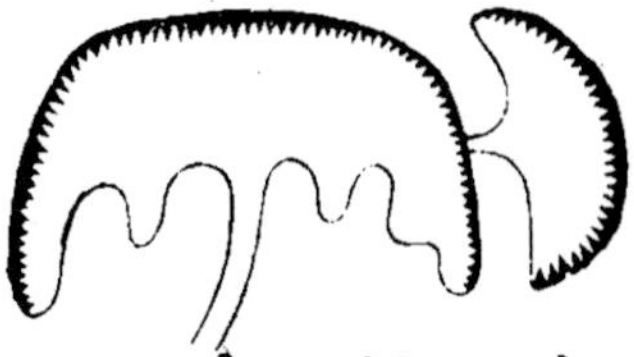

出帳貴人

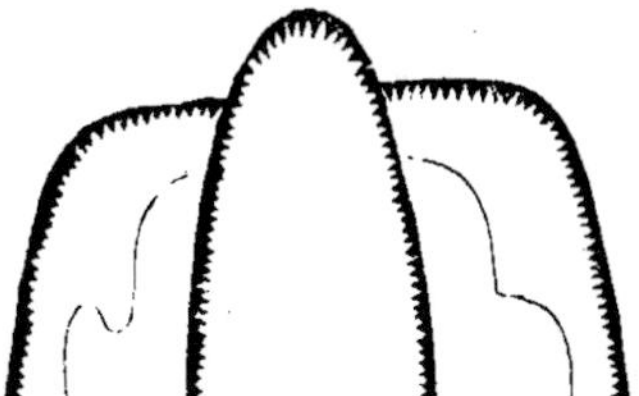

入帳貴人

陰峽之圖

陽峽之圖

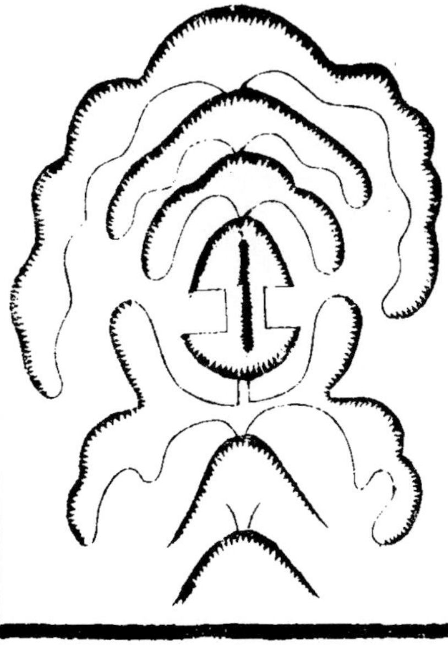

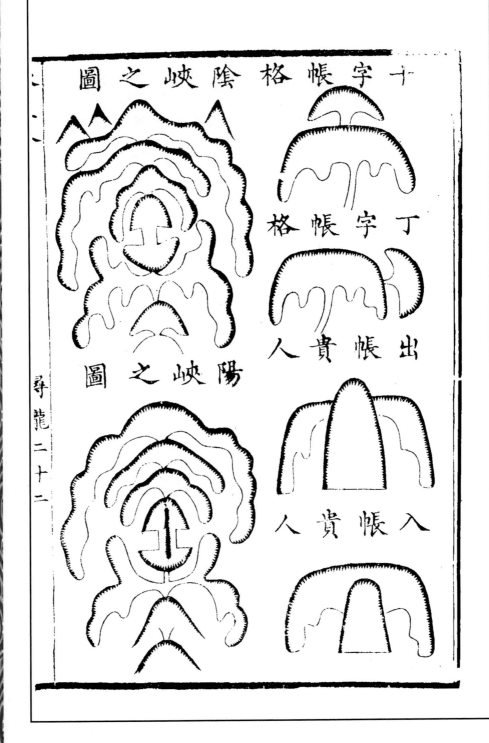

蜂胥峽圖 有迎無送

鶴膝峽圖 有送無迎

有迎有送

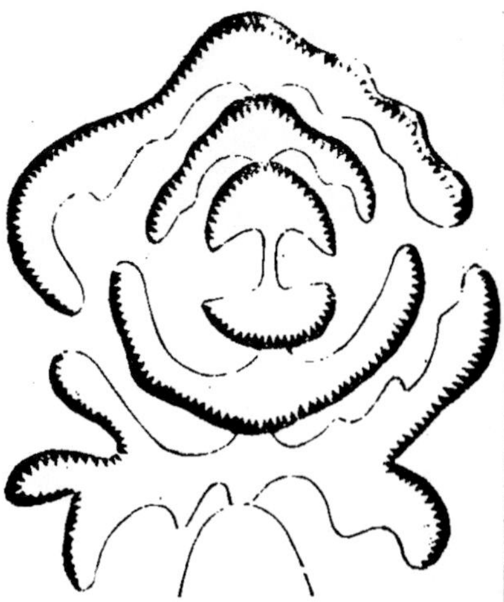

曲峽

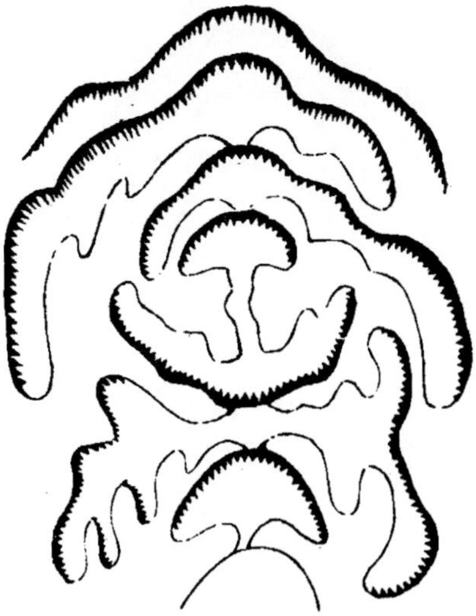

雙送雙迎

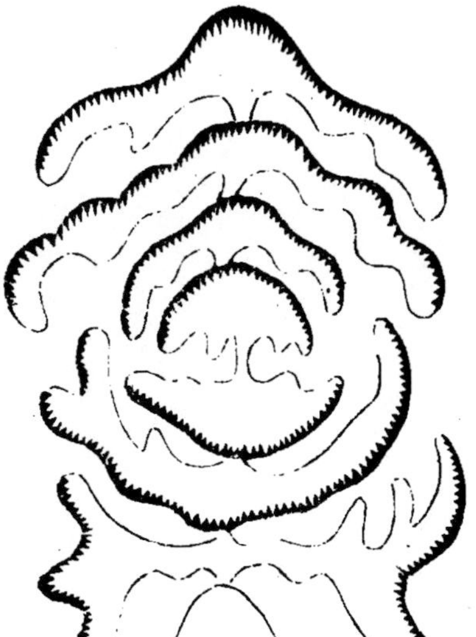

闊峽

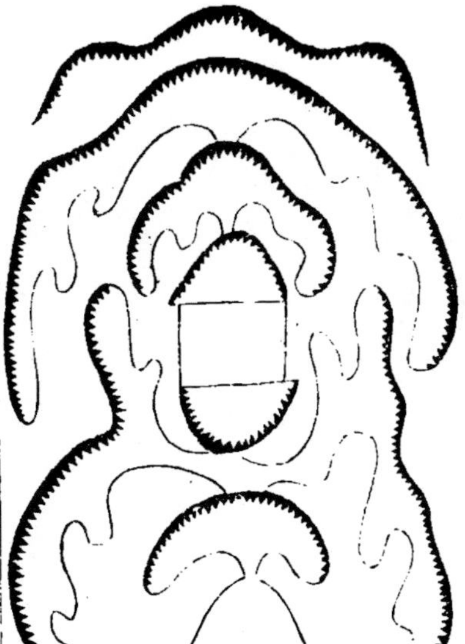

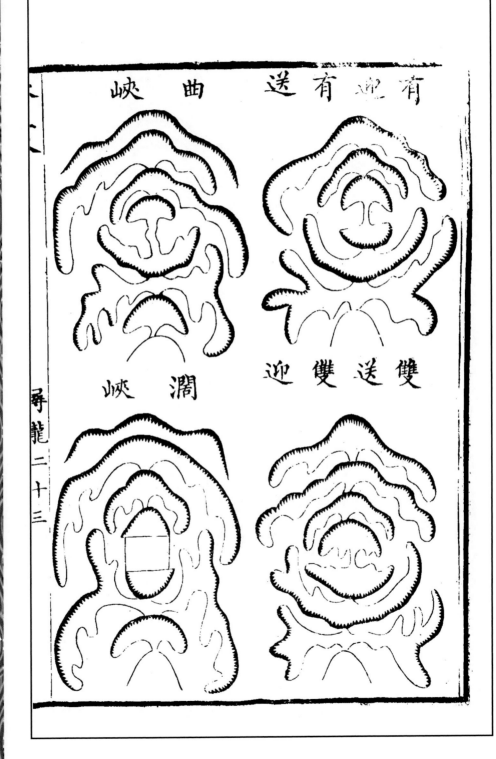

來大去小

側峽

來小去大

正來側去

側來正去

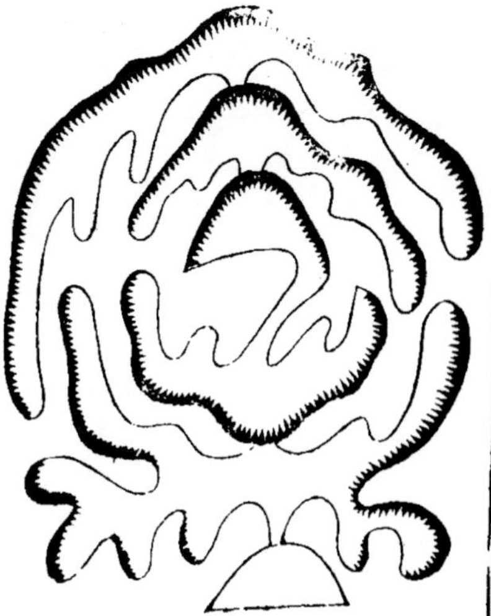

田峽

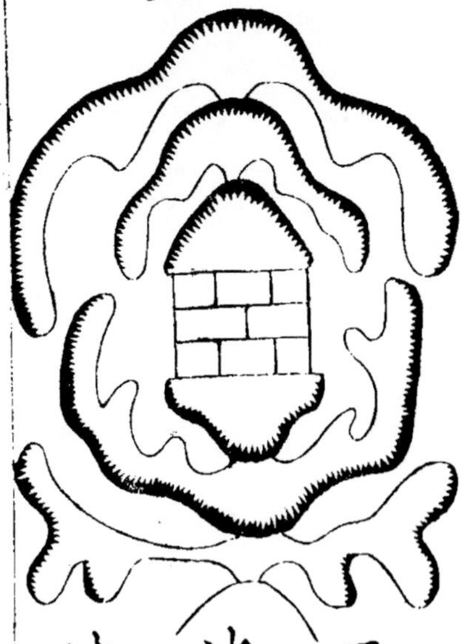

石峽

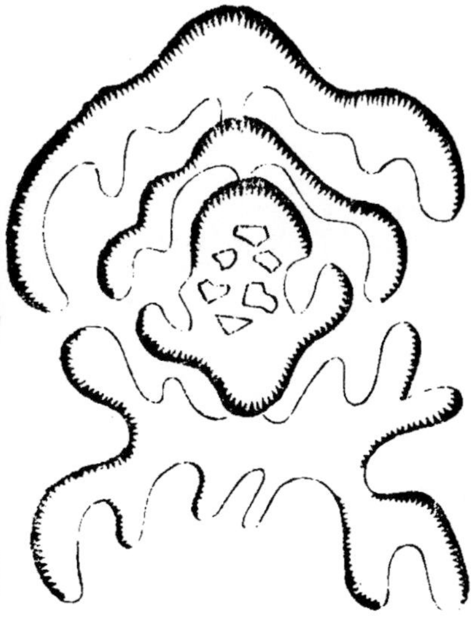

玉池峽

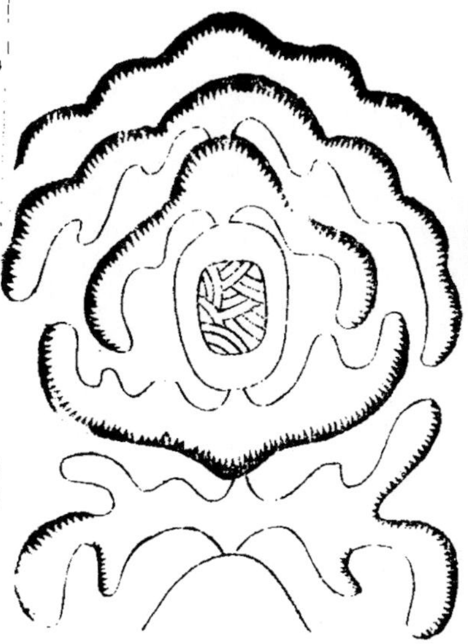

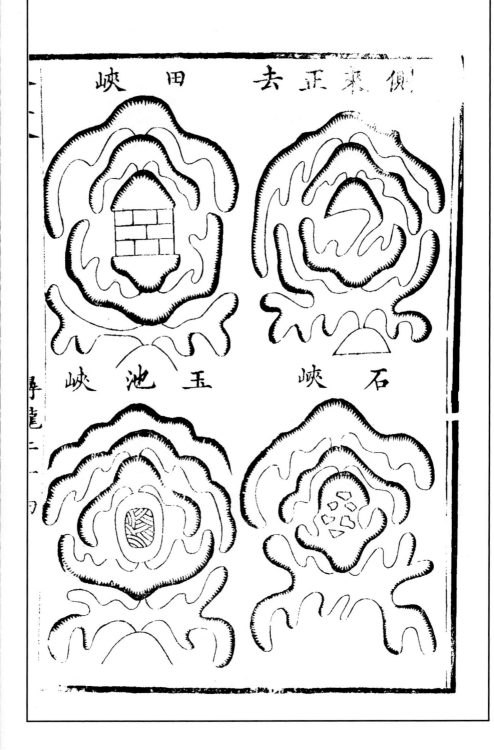

正出水峽

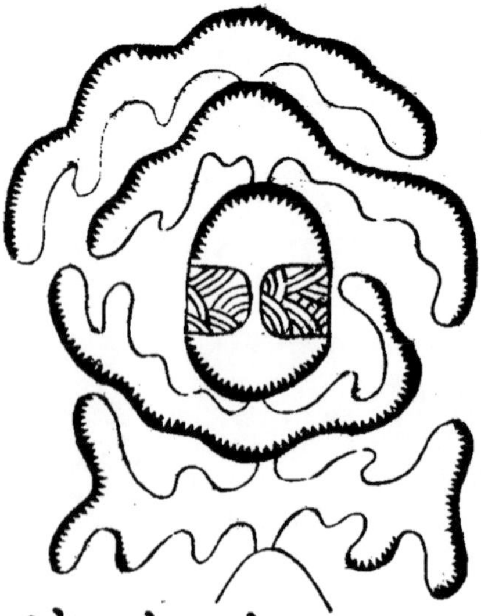

偏出水峽

附十大崩洪峽格

模石崩洪

節目崩洪

也字崩洪

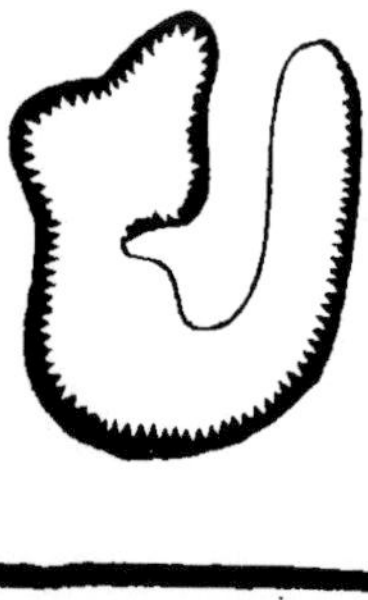

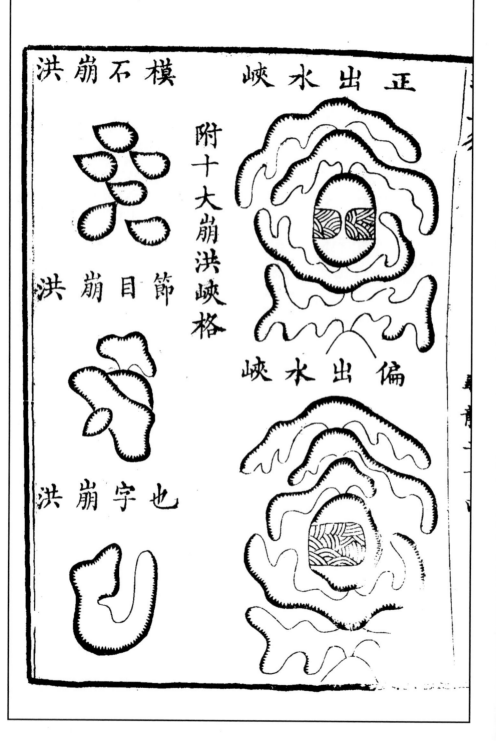

川字崩洪

交角崩洪

馬跡崩洪

之字崩洪

螺蚌崩洪

十字崩洪

斷續崩洪

石梁度脈過水。形有十格。廖氏曰。朋山共水難尋脈。石上留眞跡。喚作崩洪有十名。官貴此中生。

東湖主云。尋龍看帳峽。理之正也。不拘帳峽。而知地之眞假。行止大小造化之妙也。不知理之正。則無規矩之可守。不知造化之妙。處處不能精義而入神。善哉。董德彰之業師李德眞秘旨四十段。其中之一云。

看地有一大竅。識得破時頭頭是道。否則說元說妙。都是無據。有據則開眼便知。無據則心目昏迷。自欺欺世。前賢著書立言。已自說破。秘旨何嘗不在書上。世上懵懂漢。草草看過。致使一粒金丹。竟為千古不傳之秘。可笑可恨。習堪輿者。總是以一得自矜。不肯虛懷善下。禮拜真師。遂悞一生。今試孰人而問之。曰好地何處好。一難曰砂之秀麗也。水之有情也。而重龍者則曰龍之聳拔也。龍之活動也。龍美砂水有疵不妨結地。果然此話未嘗不驗。知桐廬上杭埠。出姚尚書地。砂水有反背的。龍。差雖有好砂水無益也。果然。此話未嘗不驗。此重本之論也。吾不謂其不然也。龍豈有不重之理。穴中緩氣全靠龍脈行來。然龍之美惡何以辨。龍之眞假何以辨。龍之行止何以辨。此二難。世人既知重龍。則龍身作何辨法。詎可不知。此即其重龍而詰之也。則人人皆能言之。而人人不能知之也。不知而言。則言皆妄言。又試執人而問之曰。龍何者爲美。

三難。曰。峰巒之磊落也。星辰之端正也。有个字飛鵝也。有蓋幛也。此貴龍也。然也。然吾嘗見有美星峯而結地不佳者。人安知此。有星峯不佳而反結美地者。人益不知。有蓋帳飛鵝而出貴者。人人皆知。有無蓋帳飛鵝而亦出貴者。人便不知了。且有个字而未必貴。儘多。無个字而未必賤者。儘多。則又何說也。四難。此處大。有把柄不得竅者何以知之。而談地之貴者則又曰穿心。夫穿心之龍。百不得一。而極貴之地未必穿心。則又何說也。五難。今又執人而問之曰。龍何者為眞。曰有頓跌也。

有曲折也。一脈之清。一星之正也。駁盡。然也。然吾嘗見有頓跌曲折脈清星正而不結者。則又何說也。六難。難盡世人。俗見而世人每于此處尋地葬下。失敗受禍。今又執人而問之曰。龍何以止。曰有蜂腰鶴膝也。山來水聚也。細嫩之極也。山水之盡也。然也。然吾嘗見龍無蜂腰鶴膝而亦止者。甚多。了。砂飛水走而亦止者。更巧。此在穴外視之則然。若在穴中。決不飛走。有極細極嫩而龍不止者。人人解不來。有不細不嫩而龍反止者。人人解不來。

有不止于山水盡處而胥結閃結者甚多則又何說也七難難到此難得盡情透徹總人不得竅便叫怪叫奇得了竅甚是平常總之有一大竅在行止于此辨真假于此辨美惡于此辨富之大小貴之輕重于此辨尚有生死禍福年月房分皆于此辨人人識得人人不識得可惜可恨世人要識得請于書中察之無訣空空看的于山上看之無訣空空走的仍不若于人中察之無師傳授枉勞心此關一破則地之有無大小瞭然在目矣　眼睛開

了。巨細皆見。吾姑微言之。以醒世之夢中說夢者。東湖主云。李仙夢中說夢之言。深中堪輿家病痛。非但時流俗術夢中說夢。即古人著書垂訓者亦然。理氣家如雙山。元空。左右旋。四十八局。玉尺經。四大水口。天玉經。內外傳。以及祿馬貴人等說。皆是夢中說夢。巒頭家唯葬乘生氣。脈認來龍。及龍要來了來。穴要眼了眼。砂要堆了堆。水要回了回。數語外。其餘疑龍。撼龍。玉髓等經。披肝露膽。赤霆陰符。以及十二倒杖等法。皆是夢中說夢。然此尚曰理未眞旨未確也其有眞而確者如雪心賦句句眞言催官篇學問精妙河洛納甲大道理義文八卦大道理若不將此竅配合其間則吉凶禍福不能確應未免左支右吾支吾便不穩了亦是夢中說夢然猶曰此尚未明說大竅也其有知得大竅明白說破而不遇眞師地上指點口傳心授人雖似醒而朦朧無確據不知分曉是乾說非乾非巽指為巽究竟亦是夢中說夢甚矣至道之難遇也時流奈何以門外漢輕言門內事乎

尋龍二十九

大地多結峽中。諸暨縣西。土名平濶。縣龍過峽處。結一大地。穴後腰幔重重。面前貴人高卓雲漢。予為趙方旦葬。

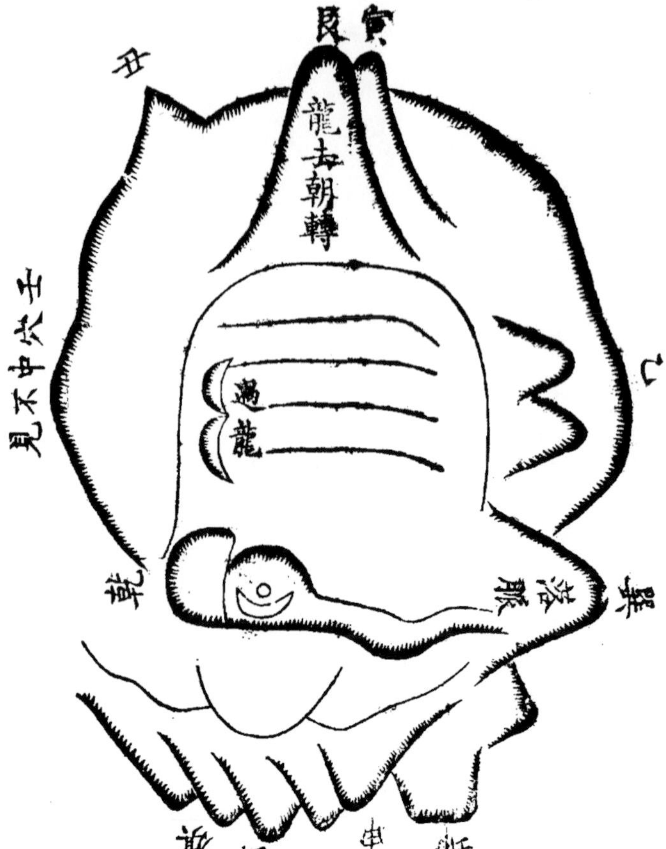

祖母其發福祖地在豸頭山寅申巳亥四山皆起
故方旦以戊申生命庚午鄉榜甲戌會榜今此之
地寅申對峙巳亥夾耳力比豸頭山更重數十倍
葢此地論龍則諸暨縣龍也從浦江來有百里出
縣去有二十里則龍氣之長可知論穴即結在縣
龍身上橫龍緊貼脊為扳鞍穴則穴情之確可知
論水即在龍神峽中窩聚內堂則水不走漏可知
論砂坐山坤申即後龍祖山也朝山寅艮即前去
縣龍也右手巽金即入穴之來龍也左手乾金即

穴傍之護龍也四砂俱在本龍身上力既重已而又形勢雄壯垣局團聚其福澤詎淺小哉蔣侯方伯不能專美于前已

第五尋龍須識勢詳將勢字剖君知生强順進旺為吉反此凶惡不堪支（詳細分別在第十一辨疑似節）

龍勢行度其名不一曰生龍曰强龍曰順龍曰進龍曰旺龍曰平伏此勢之吉者也曰死龍曰弱龍曰逆龍曰退龍曰衰龍曰懶坦此勢之凶者也

郭氏曰三岡氣全八方會勢前擁後護諸祥畢至

此旺龍之勢也反是則弱矣
劉氏曰眞龍發足之初猶萬馬奔馳之象此之謂
强龍也反是則弱矣
卜氏曰所取者活龍活蛇所忌者死鰍死鱔此可
以得生死之辨矣
廖氏曰順是開脖向前往逆是反背去進是龍身
節節高退是漸消條此可得順逆進退之辨矣
楊氏曰莫道高山方有龍却來平地失眞踪平地
龍從高嶺發高起星峯低落脈高山既認好星峯

玉三角

平地兩旁尋水勢。兩旁界水是真龍。水纏便是山纏理。霜降水涸龍不見。春夏水高龍背見。此是平洋看龍法。過處如絲或如線。亦須形跡明顯。若渺茫無憑。終不可信。高水一寸即是山。低水一寸水廻環。寸許閒。亦不可信。只為時師眼力淺。便云此處少峰巒。句語精潔。誰知山高落坪裏。退卸愈多愈有力。祖宗父母數程遙。灰線草蛇尋脈脊。脊路亦須數尺或丈許為憑。坪中一突更為奇。一路行來。將到結穴時。自然突起。活動尤須求束氣。湧起。

突來展開大勢復又束緊將結胎已忽然入局口鉗開氣得束乃頓成穴星星下小或開口大或開鉗胎孕乃成兩水夾絕是龍息龍息之所風藏氣聚而煖已反是則懶坦非地已

東湖主云東氣處現活動相曾于武進三官堂尚書胡漈祖坟白家橋二尚書祖坟見之平陽地有東氣則地力大東氣處現活動相地力尤大予曾于武進橫山橋為楊宅扦蒼龍捲尾形龍從橫山脣中一線落脈平田中開帳行三里許結橫山橋

陽基。轉向
西。行。將•入
首。東•咽•短•
而•細•頻起
高土。穴結
高土前。左
手伸長二
十箭。收盡
西楊横山

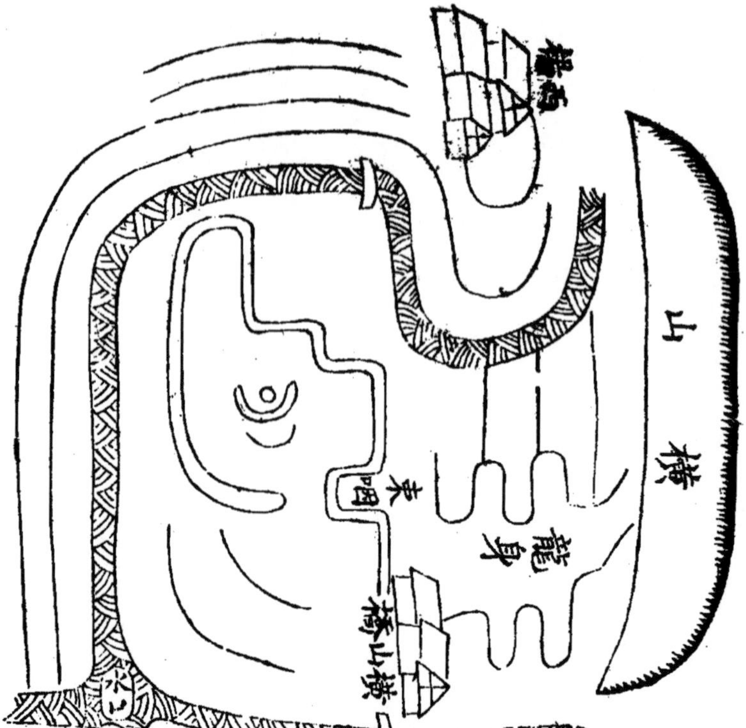

脚下諸水立乙山辛向面前田水層層遥拜富而且貴之地楊偕行楊嘉會兄弟友于愛衆親仁以承祖父忠厚之德應得此地

第六龍格分偏正龍身尚格者最少格取梧桐為最勝更少萬中不得一次之芍藥楊柳龍此格格十分中得二三个字一訣傳心印字字珠璣

梧桐枝兩畔平抽正个字之格也絶好雙送雙迎甚難遇楊柳枝邊有邊無偏个字之格也到頭則不偏了偏處自有合來不成偏之巧蒹葭芍藥左

右互傳草个字之格也勢甚活動杷梓蓁芽半有
半無仄个字之格也格亦蒼老朴實看个字法分
正偏草仄四樣精絕 玉髓經曰停匀惟有梧桐枝
雙送雙迎兩手勢對節分生作穿心此龍百中無
一二此正个字也 左有右無過一節右有左無亦
非異此名原是蒹葭樣但要星辰得位地星辰得
地是眞龍遞會生枝不偏廢多因木火作星辰蘆
葉尖尖左右至一等名為芍藥龍左右相生本不
同分處光員有枝葉此是木星帶水逢此草个字

也又有蓁芽杞梓枝半有半無似人字此龍全是木星傳只喜星辰無雜忌此仄个字也更有偏生楊柳枝偏有偏無極乖異此名原是受偏處半枯半榮無意味忽然入首變梧桐楊柳枝頭正心是此偏个字也入首忽變梧桐則後龍雖半榮半枯無害已人曰此龍多偏發發長則三絕發三則長絕殊不知穴場左護則三絕右護則長絕得護者發失護者絕龍龍皆然不獨楊柳枝也曾見有左右皆護之地乎百中無一二也或者亦有左右繯

抱如燕窩形者。然一手稍高數尺。一手稍低數尺。便止得稍高數尺者發。甚有左右高低相等者。而一手近丈數。又一手遠丈數。而遠丈數者便凋落已。此造化原有不齊之處。非梧桐枝。房房均發。楊柳枝。便有發有絕也。或曰。據子言。則人家斷有缺陷。而余嘗見二三房人。戶戶同發者。則又何故。余曰。此故易知。故由祖坟所蔭。祖坟蔭長房。則長房之孫子。个个興隆。祖坟蔭仲房。則仲房之孫子。人人才幹。若祖坟所蔭此房之父母。死後葬地。便分高低。詎能久長同發。
東湖主云。看龍格之法。此段最精。

梧桐正个字

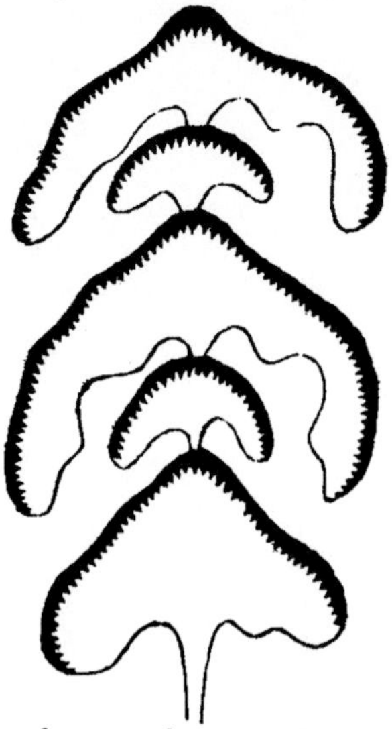

芍藥草个字

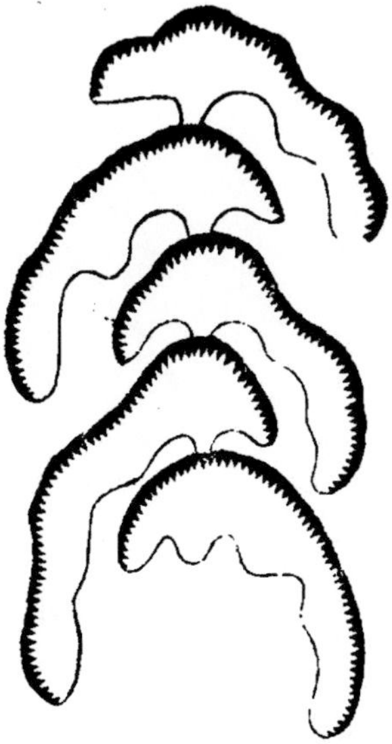

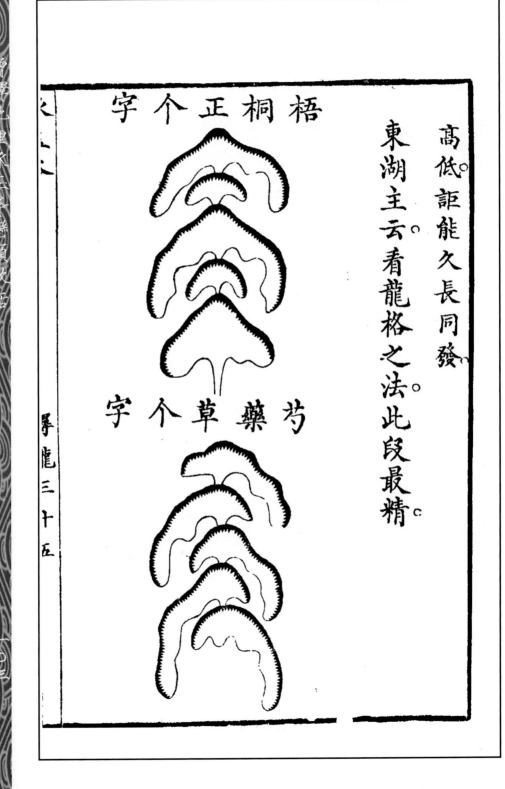

蒹葭草个字

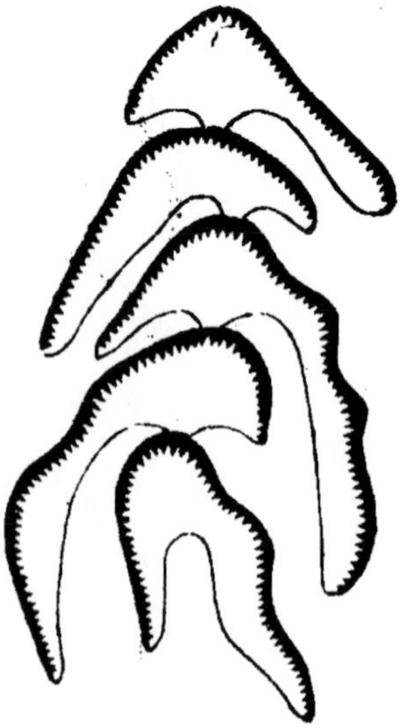

楊柳偏个字

蒹芽仄个字

格雖不同。訣在得穴。武進豐北陳圻地。梧桐枝。余為橫林黃又元點穴。全身打動。周姓穴點局外。不與龍貫串。藉口來龍梧桐枝。何益之有。

武進陳圻梧桐枝龍地圖

尋龍三十六

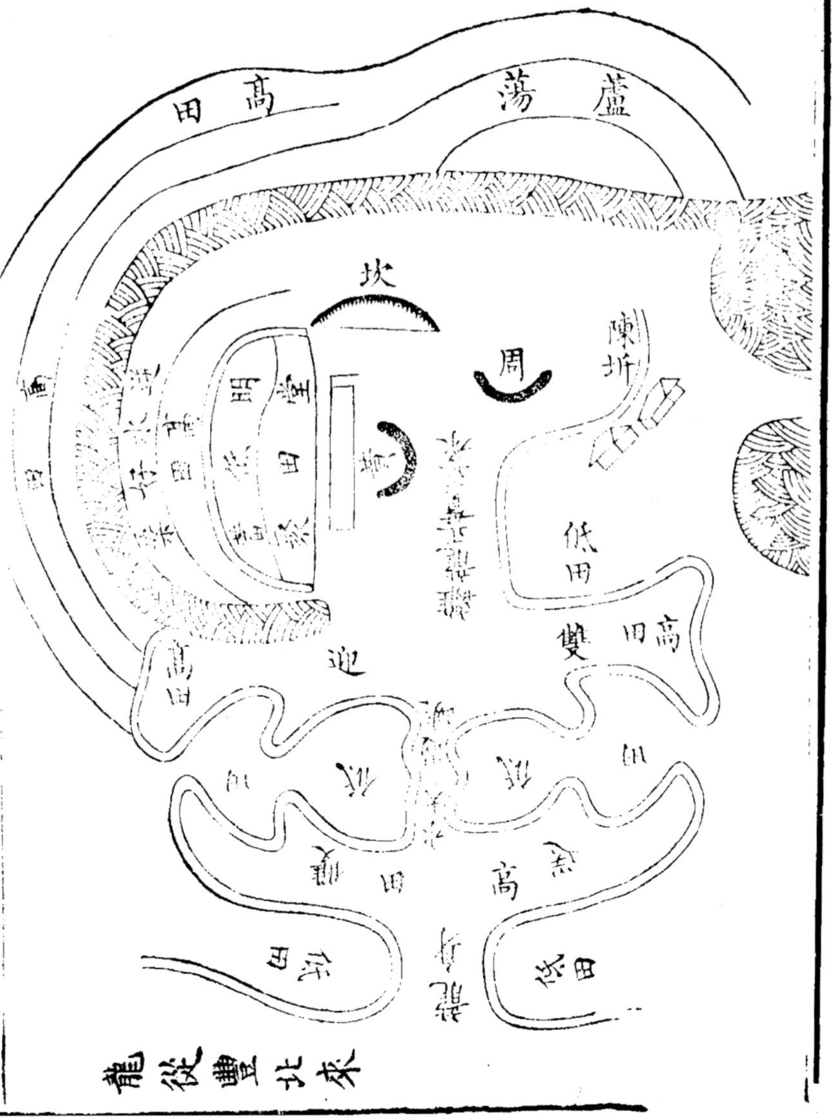

龍從豐北來

右地周穴似有明堂。而寬蕩斜側。下手無關。怎能發福。坎方高阜周是上手。上重下輕。巳黄是下手緊護穴場。穴不怕寒。豈不成地。且明堂在西。周穴為何向北去。巒頭獨不知乎。吾點黄穴。面前逆水案緊。關内堂之水。甚為得局。龍氣充乘。堂局又正。再加以分金之巧法。子孫繁衍。世世科第已。

第七尋龍要審局。水流上下知順逆。隨水而下順中最不利。逆水而上君須識。第一妙局。

評。行龍大勢曰勢。入穴結局曰局。觀圖可會悟也。

逆勢逆局圖

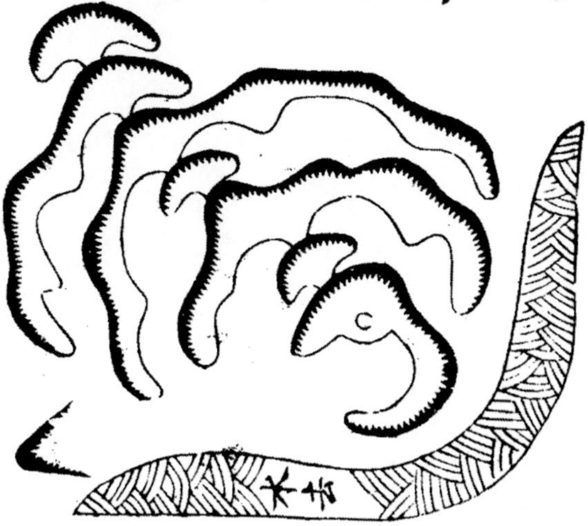

逆勢順局圖

順勢順局圖

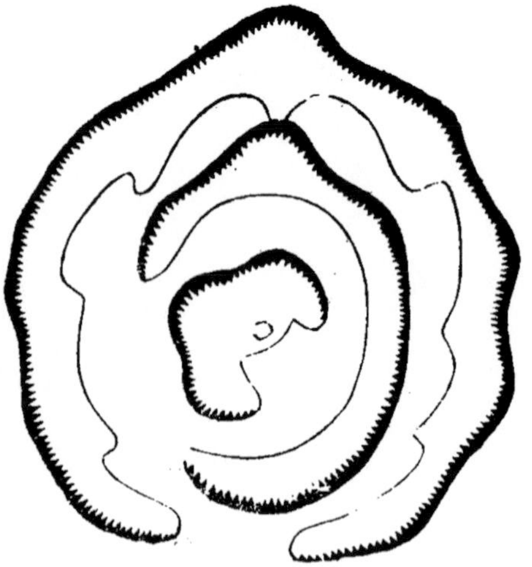

順勢逆局圖

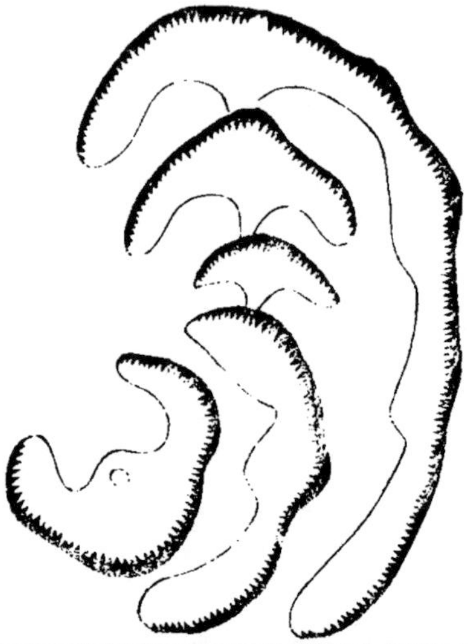

第八尋龍要識星。不識龍星總是閒。教君四凶幷五吉。體別方員直曲尖。此講到龍之入首處也。

金水木火土。此五星之正名也。尖員曲直方。此五

星之正形也

貪狼巨門祿存文曲廉貞武曲破軍左甫右弼此楊公之九曜也紫氣天財孤曜掃蕩燥火金水天罡太陽太陰此廖公之九曜也楊廖所命之名雖殊揆吉凶所取之義則一古傳曰太陽一星即左甫高員覆鐘釜覆鐘金大武金特立金獻天金雲中金高而員覆釜金高員者少低而小員者多低小便是太陰

太陰本是右弼傳形迹方更員蛾眉等砂

金水元來名武曲三腦如金宿飛鳳形最碓

木星紫氣號貪狼。一尖直更長。貴人獨立。天財誰識巨門體。三般頭腦異。平腦是御屛。凹腦是玉几。雙腦是天馬。天罡正與破軍同。腳下出尖峰。金頭火腳。孤曜祿存同一字。撚拳正相似。金頭木腳却亦難認。又說祿存如耙齒。燥火廉貞實一名。尖斜芒帚形。聚火格名龍樓最好。掃蕩屬水配文曲。斜拖帛一幅。長如生蛇。橫似景帳。又名掛榜。此楊廖之正九曜也。

第九識星要變求。九九喝形莫差謬。

此言廖公九曜之變體歌云一星每變為九樣其一名本相聯氣居二分氣三第四開脚參五為弓脚六雙爪七變番身巧八是側體九倒身八十一形眞形有高低與肥瘦喝名莫差謬此廖公九變中每變之九體也

東湖主云第八第九兩節皆言入首結穴之星體非言行龍也

識變由來末為精剝換生剋推休咎

　博換之法有二

以。五。行。言。金木火陽也。欲博水與土而陽資陰育。
水與土陰也。欲博金木火而陰藉陽生。是以木火
行龍。星非不貴而尚恐孤陽之寡偶。此話甚是。金
水轉變。龍若欠秀。而似得二氣之相資。所以富貴
地。金水行龍居多。卜氏曰。詳觀八國之周流。細察
五行之變化。此二句。是言四旁。非說龍身。可知五
行之貴有博換也。
以。山。體。言。脈出條條細小。或氣盛而湧成高岡。有
力了。龍行巍巍高大。或氣斂而變作微墩。脫卸了。

或側峯而番成正龍。局面正了。或老幹而生出嫩枝。秀媚了。或逞奇而巖石峻層。固是說行龍。然亦有入首。如杭州飛來峯之張宅地者。或示弱而岡阜拓落。雖云拓落。其中却有精神。方吉。或山遇水界。石骨渡江而重興營寨。儘多。或山亂形雜穿珠吊脫。而別作門墻。儘多。或高山脫落坪麓而龍帶支體。嫩秀了。或平地脈來直硬。而支帶龍情。振拔了。談不盡眞龍變態。無非高下相生。是小大相續。是。肥瘠相間。是。俯仰相承。是。雌雄相配。是。祖孫相背。是。廖氏曰。退卸博換粗者細。凶星變吉氣。最妙。老龍生出嫩枝柯。跌斷不嫌多。也不可太多。楊氏曰。剝換如人換好裳。如蟬退殼蠶脫眶。或從粗大落低小。或從高峯下坪洋。合之可知山體之貴有博換也。

東湖主云。剝換之義。皆巒頭中有自然而然之形與勢。不假人力為之者也。下生剋制化二義論理最為精妙。易悅人心目。書獃子及無識假術。遂藉之津津不置口。孰知從舊地上看來。全無關係。每見太陽居離。而生尚書。金居火位。巨門在卯。而出宰相。土在木中。金釵在正東。而趙志皋探花入閣。明時宰相。地在蘭溪。紫氣居西兌。而賈似道南宋專權。雖是奸臣。却居相位。地在天台。故鐵彈子化難生恩看解星數語。議論精密。而上山登臨。全無用着處。可見凡讀地理書。非徒託之空言。要當質之實事。

生剋之義有二 此理不可不知。却是迂談。

以五星言。水生木。木生火。火生土。土生金。為相繼。

木剋土。土剋水。水剋火。火剋金。金剋木。為相滅。卜氏曰。先貧後富。多是水來生木。始榮終滯。只因火去剋金。木為祖。火為孫。富而好禮。金是母。木是子。後必有災。此是五星推之。而有生剋也。東湖主云。先貧後富。四句雪心賦止說得生。剋二字。竟忘却去來二字。止知水生木。故云先貧後富。止知火剋金。故云始榮終滯。却不知水來生木。火去剋金八字之妙。細玩來生二字。是後頭生上前來。龍來生穴為上生下。得先天河圖順生之數。細玩去剋二字是前頭剋過後去穴去剋龍為下剋上得後天洛書逆剋之數蓋巒頭中只宜上生下龍來生穴為生進不宜下生上穴去生龍生出以洩我氣漸致貧窮只宜下剋上穴去剋龍為剋出不宜上剋下龍來剋穴剋入以受殺氣主致凶絕是故龍神祖山是火火生土土生金金生水水生木一路生到穴中為順生主大富貴若穴後主星是金金剋木木剋土土剋水水剋火一路剋到祖山為逆剋亦主大富貴天地間大道理止此兩局

後來各家五行。紛紛俱從此變出。是賦該云。先貧後富。多是水來生木。終榮始滯。皆因火去剋金。則來生去剋四字乃明。

以五位言。東為木旺之地。北受生而西受剋。有理。南為火炎之方。北受剋而東受生。有理。金爍于南而秀于西。有理。水生于西而旺于北。有理。離為土所自生。震則土所受剋。亦有理。卜氏曰。水在坎宮。鳳池身貴。好話。金居兌位。烏府名高。好話。土旺四牛。當生卿相。木生文士。應出翰苑。此自五位推之而有生剋也。
東湖主云。洛書逆剋地。曾于西湖南屏山見之。辛亥偕馬姓友、行至土屏山下。忽見倒地木長十餘丈。予曰子破母腹而出。當有大地。遂走向木身盡處。乃見一員淨金星。轉身覵主山。但見山石森森。火星巘秀。辭樓下殿處。曲屈如蛇。予曰龍格最大速發地也。友曰此地葬。四五年初一綢緞舖。今化兩個。發誠速已。但金木相剋。余忌而棄之。先生深讚。出自何書。予曰仍可我金剋彼木。不可我木彼

尋龍四十三

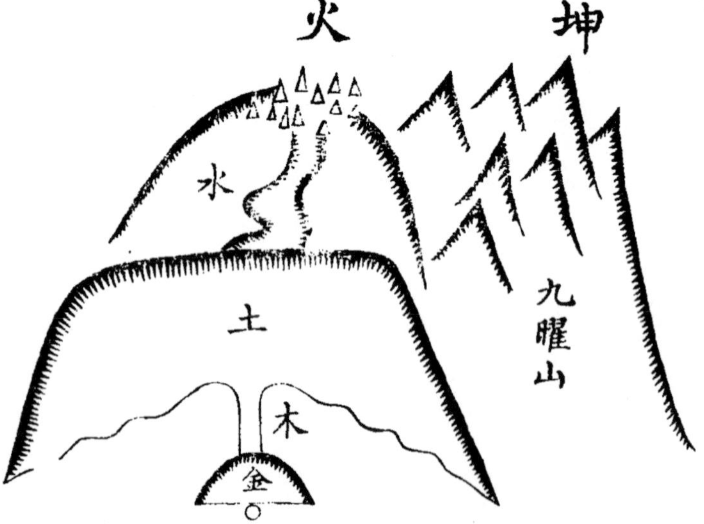

金剋且予業何經友曰周易予曰此旨出此經也向來地理書止虛言河洛之理不知指出實用來唯鐵彈子游氏註中透露眞訣却未見諸巒頭不意此處得見此地後數年覆視之九曜在坤方塚立巳亥局吉地凶葬止出女貴或曰納甲之法向來刻本亦說不明白自鉛彈子

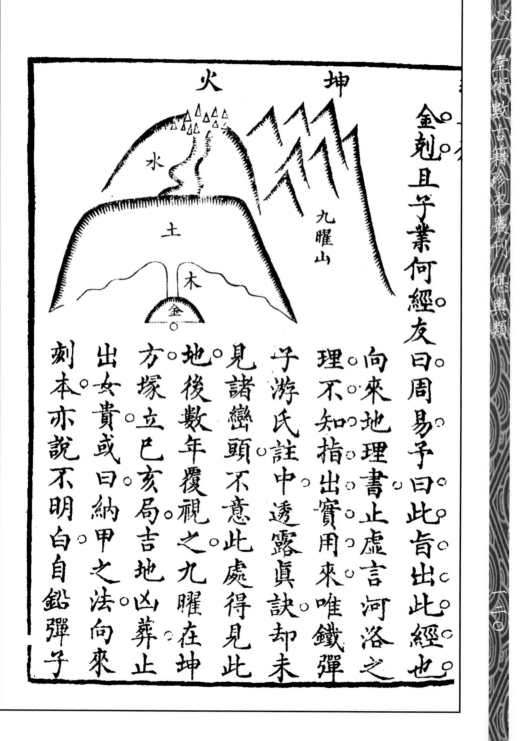

書出已後坊刻皆知發明則此河洛大數將來衆著可知已予曰亦吾願也但俗術不知此理固不足責而儒家好此道者亦同俗士無知為足異爾

第十制化歸高識死中逢救生中剋 要知生死之所以然處便把持得定或向本位論榮枯或兼四畔詳推測 此二句正是消納之法世人那得知

制化之法有二 理甚精妙無益于形

以本位論金產兌垣堅質不憂爍于冷炎 好話 木生震地巨材何愁折于鉤金 好話 火臨金鄉為寡

接。遇北辰而炎滅。好話。木居西地為失勢。愁兌宿以殘根。好話。當思設使目前竟有此地。則我當用何法而制之而化之。土木共居離。仇貪生而我何憂剋。話更好。水土同居震。敵受制而我又何虞。話更妙。此推之方位而取制化也。玩味此句。是巒頭中。自有其制化。非人力能制之化之也。星經曰。身旺不憂剋制。身衰最怕刑傷。或資生我者而旺。是。或借我生者而相。是。或賴貪生而忘剋。是。或反借煞以為權。亦是。理正于此。可類推矣。此皆就巒頭

中死呆的砂頭論之未講及人之制他化他也唯人能制他化他則我有權已

以四旁論一木衆金寸珠不堪數斧　可危、一水衆火杯滴豈勝輿薪　可危　金畏火焰藉土多而可救造化　木憂金琢賴火盛而免傷　造化此推之四旁而取制化也前賢曰弱不敵强　也　是寡不敵衆也是理正于此可類推矣

十一疑似須致意休教心目自昏欺

疑似之法有二　此節宜着實細看方得眞地

尋龍四十五

以龍勢論旺龍與散龍相似辨得好強龍與怒龍相似辨得好生活與驚懼相似辨得好平伏與懶坦相似辨得好順勢與走竄相似辨得好進勢與頑蠢相似辨得好剖斷一有少差禍福自無可準

旺者千枝百葉而彼護此纏形如蜂屯蟻聚散者千條百緒而彼背此反勢如潵水傾珠纏護背反四字是辨旺散龍之眼

強如良馬之騰湧而星峯氣勢自端嚴怒若疾虎之軼奔而體勢巒頭多欹側端嚴欹側四字是辨強龍怒龍之眼生

活者起伏盤旋。而山朝。水抱。驚懼者走閃拋露而水返。山逃。朝抱逃返四字。是辨生活驚懼之眼。氣勢平伏者勢如靜水之風生微浪。而吉在隱隆之中。形勢懶坦者脈若片氊之鋪張平地。而勢無高下之別。隱隆無別四字。是辨平伏懶坦之眼。順勢如水之朝宗。星之拱北。而行度手足自安帖。竄勢如羊遭虎逐。花被風飄。而體勢手脚自飛斜。安帖飛斜四字。是辨順勢竄勢之眼。進勢者龍雖崔巍。而峯巒多有面頑。者勢雖雄偉。而星體不開顏

龍四十六

有面明顏四字。是辨進。勢。頑。蠢。之眼。卜氏曰。審禍福于毫釐之間。度順逆于性情之外。寧于有處求無。莫向無中尋有。此可知形勢之疑。似不可不剖也。以。星。體。論。木不木而火不火。土不土而金不金。星曜雜亂休着眼。大要辨。尖不尖而員不員。方不方而曲。不曲形體歪斜枉勞心。大要辨。楊氏曰。大率行龍少全局。雜出星峯多變易。輔星似弼。巨似文。長短高低細推辨。但當辨其是何星辰。無關穴。中。禍。福。劉氏曰。壘壘江山如疊翠。喝名不上亦徒多。雜亂參差。便無地已。時師請認雜中雜。莫去詐談地理歌卜氏曰。土之小巧者類金。參形雜勢木之尖亂者如火。眩目惑心。合之可識星體之疑似。不可不剖也。

十二當知棄取訣。萬里河山一覽知。

純吉者。人所決取。亦人所易取。純凶者。人所決去。亦人所易去。唯有行龍時吉星疊疊。或局變凶曜而結奇胎。此龍吉而穴怪者也。亦有離祖初凶曜種種。至中博尊星而活死骨。此龍怪而穴吉者也。

是將何以定去取乎。龍凶穴吉。人易取。唯龍吉穴凶最難取。

珠山集曰。問君術看龍訣。貪巨武甫最難得。行龍入局純此星。世代富貴無休歇。有訣法辨凶龍破祿文廉最是凶。出軍出賊遭瘟火。止作神壇社廟崇。此可以定純凶純吉者之去取也。

廖氏曰。九個天罡人道惡。六個吉神落。若穿金水土星辰。最好救人貧。天罡亦有好穴。九個孤曜名不好。四個藏金寶。元來生水與開金。穴向此中尋。

孤曜亦有好穴。九個燥火有吉凶。七個是仙踪。能致前人翦火法。立定登科甲。燥火亦有好穴。九個掃蕩未為奇。七個蘊天機。法宜裁蕩奪神功。奕世產英雄。掃蕩亦有好穴。據此則知龍眞穴怪者或亦堪取也。

楊氏曰莫道凶龍不可裁也。有凶龍起家國。蓋緣未識間星。龍貪中有廉大有弼。好或有破軍間斷生祿存。時有巨武力。好十里之中卓一峯。小者成大弱成雄。好此是龍家間星法。大頓小伏為眞踪好一山便斷為一代看在何代生閒龍是的便向此中定富貴困弱生旺隨星峯此句好極細玩之大有看法在內困弱之龍無氣力死鱔烟包入砂積果然十里百里無從山獨自單行少收拾無從山便不好了君如識得間星龍到處鄉邨可尋覓唯知造化之妙者方可到處尋覓非止識一間星便了龍非久遠得全氣氣要全全氣在久遠處来此句大有力易盛易衰非人力全在久遠之龍非人力可造作者據此則知龍怪穴吉者或不盡棄

牙湖主云。間星龍。曾于蘇州獅子山見之。正結。將軍踏弩形。穴雖正而實怪。嚮結一橫担扳鞍穴。龍氣甚巧。人却不知。偷閃處結一油榨形。穴大怪句時人俱無識者。一條火土局。一條木火局。皆富貴雙全。一條純火局。人丁大富。人識局方識得地。又云。據廖氏一段龍吉穴怪者既可取。據楊氏一段龍怪穴吉者亦可取。合看來則無地不可取。無之而非地。已要知無之非地。將操何術以定之乎世人何不于此究心也。

又云楊公言龍非久遠得全氣易盛易衰非人力。言人家發福久長必得龍家全氣欲得龍家全氣由于龍神久遠也此誠千古不易之論而得道之士非但求龍身久遠取其全氣尤當于撥砂法內分其醇雜局醇者悠久局雜者暫發更得卜地之要領因撰

悠久暫發地辯

東湖主云凡地有初葬發數十年而止者也是好

的。發了再圖地不妨。辟如竟不發之地。詎不差强。有塟數十年後而勃然興發者。初年不利。最難忍耐。有初塟即發發至數百年不替者。此地第一等者。有塟遲至數十年而所發亦止得五六十年者。大不好地。寧可初塟即發數十年而止地。或曰龍。為之也。龍神有大小之不同也。即龍非久遠得全氣。易盛易衰非人力之說。或曰水。為之也。水法有久暫之各別也。此單講水法之家。余曰皆非也。為此說者。係從來勦襲之偽書及當今瞎盲假術。不知造化之所以然處而設此說以欺人者也大凡山川融結處一地必有一局局中只有生神旺神環拱凝峙並無煞洩夾雜是謂純粹以精者塟下即發發至數百年而不替如局中有生氣即潛藏一煞氣有旺神即隱雜一退神生氣發貴輪至煞氣絶丁旺神發富挨到退神貧乏所以發福數十年而敗此竅不由龍不由水而總由乎砂山麓平洋悉皆如是古仙云收得一宮砂水正自然榮貴不須疑若兩宮便愁參差又云尖山秀出只消一

峯兩峯誠慮砂多則雜不能悠久也已上乃正理易于辨別者然而進此一籌有更宜辨別者如一發便止無錫青山彎高宅地乾山巽向龍虎二砂丑未峯起應發兩甲殊一自未至丙中間丁煞一自丑至卯中間艮洩皆微示動機最怕者忌藏于隱隱所以一發便止如發而屢發武進白家橋地癸山丁向壬子砂起貼腦照穴此外並無一夾雜砂即尖山秀出只消一峯兩峯之說所以科第十八九人內丙子壬子中者官至尚書此二者易爲

辨別者也。至有生旺二砂。卓立元武左右兩傍皆帶退神而福祉悠久。如九龍山尾秦宅地者。坤龍艮向。坤申二砂插天焰穴。左臂庚酉右肩丙午退神疊疊應如高氏地。發一二便上。高氏馬鞍塢祖塋。一穴扦午山子向者。已先發福。殊一穴坤山艮向。未[illegible]受累。乃科第一二十人。傳數十世而勿替者何也。良以左右退神內止有洩而無煞。一訣。長幼二房弱而不絕。一訣。則丙午庚酉有人擔當其咎。一訣。凡煞洩所值房分。尚有人存。則不移累他房。仲房得以專享生旺二砂。故發福最久。專享專字要緊。設使洩中有殺。長三丁絶。則左右洩氣併歸仲房。遂難云久。要訣至訣。抑或當年止生二孝子一人。並無大三兩子。則二孝子吉凶並收。一發而弛。必已。要訣。惜箬塢地火土相生局。而俗以亥龍向丙。撥亥爲煞。大浮地木火通明局。而貪湖中秀墩。立坤向。南方一片洩氣。故此發福中子孫多有受其害者。可憐。俗術因二孝子派下發福久大。幷將此二地而揄揚之。却不知發福家之年與命。

止與龍尾山坤申二砂相應並無與此兩地合者詎爾虛譽之可移哉所謂進此一籌更宜辨別者此也據此則易盛易衰非人力向不獨在龍氣上辨矣

青山彎髙宅地圖丑未齊起應各發一甲而皆丑科者以龍山形勢强旺于粲山也至訣至覈生帶殺故忠憲公諱攀龍者有止水之變生帶洩故忠憲公為理學名儒繼振東林道學姪彙旃公諱世泰官提學善字地理不爽如此

青山彎高宅地圖

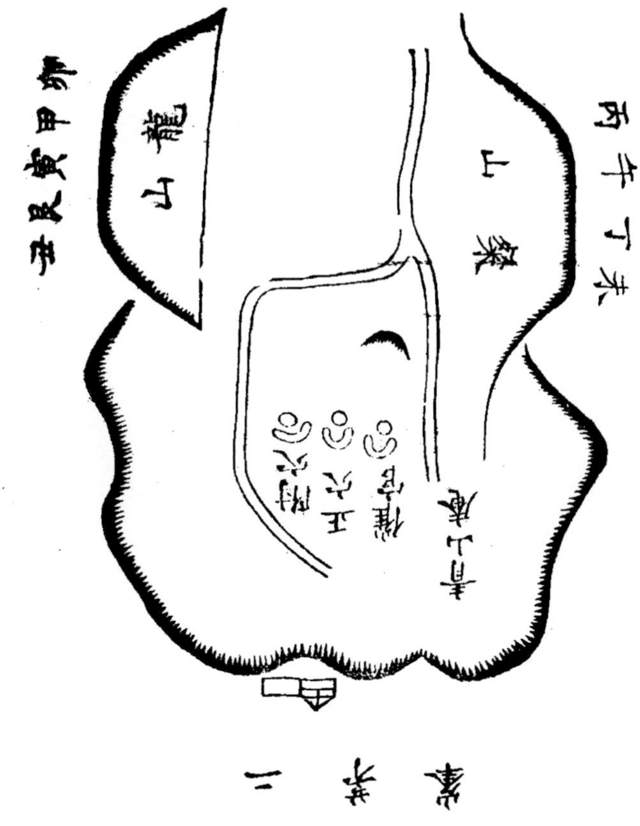

此白家橋青溪坟圖。予登地閱時。人言子卯午酉皆發。余曰子獨不看

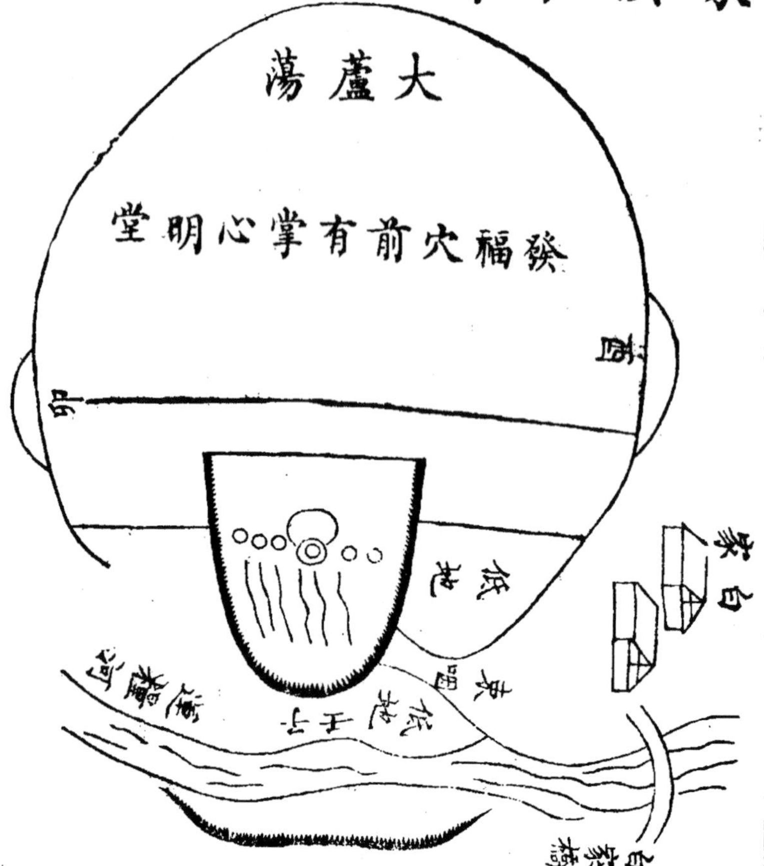

入首。東咽。前已。言之。穴腦。起頂。力尤。更重

此巒頭乎據此巒頭乎午科發起官星甚旺卯酉中者官爵低微人言此地發尚書二人八世一品余曰做尚書者斷在子科中的子有五子甲子戊子庚子亦中唯壬子丙子中者做尚書隨來白昴白貽清果然一是丙子一是壬子中者卯酉中人果不高顯巒頭之確如此

九龍尾山秦宅世墓圖此地巒頭在局外覷之亦覺渙散及到穴場遂整肅清秀在外覷申沙卜云委隨穴中乃司申八

孝子附左。三孝子附右。青龍彎抱有情。時術皆欣羨其美。空嘆長房該發不發。而不知退氣爲祟。理當衰落。此地申子辰亥卯未。及巳丑年命發福。或曰。如此看來。凡地止求砂局純粹。便能悠久。則龍非久遠得

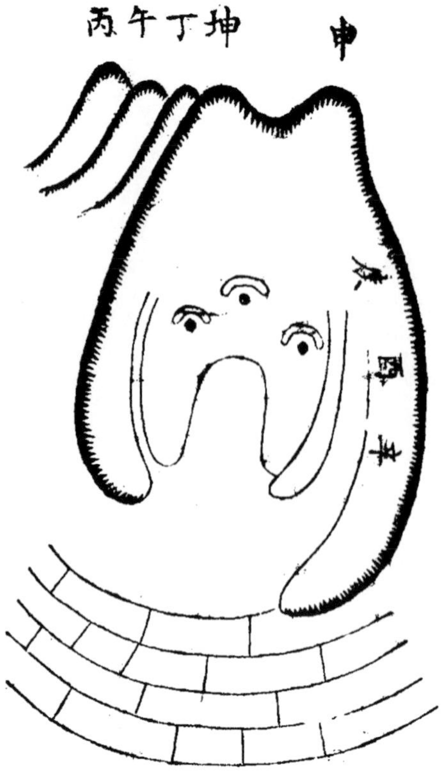

全氣句詎非虛語乎余應之曰究竟龍為根本凡地先求砂局純粹再看生旺之砂或在客山或在主星若入首主星為生為旺則科第聯延傳十數代而不替即此三圖白秦二地催官皆在穴後龍身上其外如後圻裏黃石墻王宅墳子午二墩即在本地上蘇郡觀音山發張繼堂地催官亦在穴後各處地皆然總要在穴場主星為準却又不在後龍身上若混認後龍身上則東山王文恪公乙卯砂何為止一代也余戊寅春同程搢公昆玉往

龍池看地。因登張宅墳覗之。在墓道前。但見四山散漫。局不緊湊。將到山脚。後山稍有情緒。尚未見其爲可取也。及至登穴。乃見來龍主星晶光煥彩。員淨可愛。俯覗

謝宴嶺

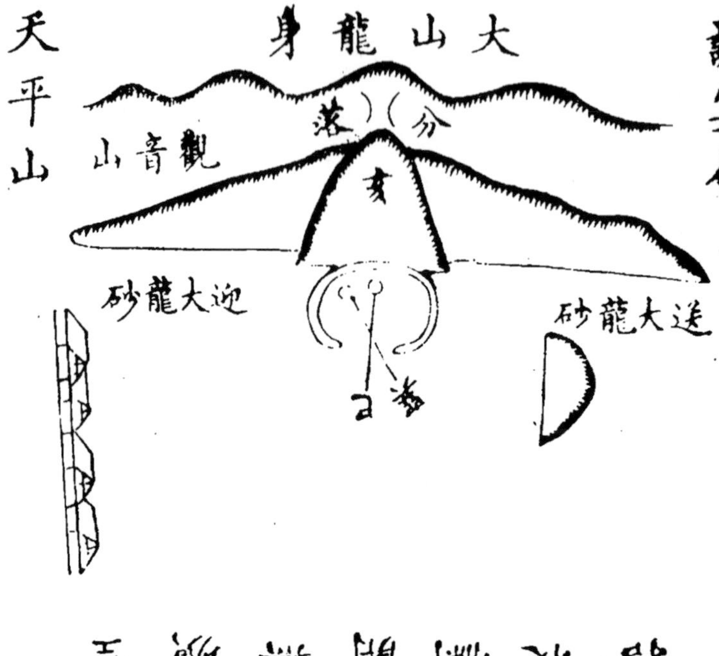

穴中外局雖曠而穴場則窩藏幽靜主穴亥山巳向余曰亥山一丈可致富于此驗之巳再閱右穴乃乾山巽向余欣喜曰此穴發貴巳主穴撥亥為財帛附穴撥亥為催官以四沖論則發期在亥巳以三合論則發期在卯未雪心賦刼殺出于何方則求三合四沖之年應沖合之法吉凶同推揩公曰聞張宅鄉榜果發在丁巳科次日到太湖潭西覓其新造大墳外貌似可觀實按之全無滋味行術者不遺却發福祖貢而失之

此地遠觀大龍從天平山來竟走謝宴嶺者張宅穴後主星乃大龍撓棹山也龍身分出頓起一太陽金左右山排開以作大龍迎送砂而發福宏大乃如此

姑蘇獅山地點附錄

獅子山中一石球將軍踏弩在前頭啟明坐貽長庚窩天市官催福力優弩靶勸君高把起弩弦踏處要低鉤 點穴之妙在此 龍閒星穴正抽富堪敵國貴封侯

獅子項間有一索。索中金鎖堪斟酌。天邊玉鼠降端門。雉尾扇開招黃貉。君不見獅頭石巉巉。獅球員又員。翰林學士是解元。獅子剛下山。番身便回轉。一轉轉向天平去。黃金白璧滿車輦。

潭東地黔

潭山初結潛。龍。地。傳說劉國師記語。壬子峯高落脈低。天市貴人端拱立。元龜朝斗合天機。金門射策君王寵。瓜瓞綿綿麟趾宜古記專夾上王[illegible]。[illegible]

堂原是善人基。
袁玉書云。世之堪輿家。開口便說幹龍。便說盡龍。予初聞之。亦喜其言。而登臨間。每見發福古塚。多不在老龍與水盡處。及聞師訓曰。看龍之竅。老龍跌出嫩枝柯。大地多從胥裏落。二語乃尋龍正訣。予因恍然有悟云。龍之有幹有枝。辟如開花生果之樹。然龍之起祖。龍樓鳳閣。侵漢沖霄。猶樹之有根本也。中抽老幹。向前直奔。猶樹之有中幹也。左右分枝。纏繞護從。猶樹之有椏枝也。水窮山盡。四散分飛猶樹之有梢杪也曾見有根幹梢杪開花結果之樹乎非但中幹梢杪無花無果即開椏分枝處亦必離幹幾許方有花果是地之嫩枝胥結正猶樹之椏枝纏護處花釀果碩也雖起祖老山山水盡處未始無地然發亦不大大亦不久詎若花釀果碩處之為益大哉吾師以為然否師曰予之喻言進乎技已因再拜進曰論龍巒頭固如此已至于理氣不拘天星貴賤二十四龍龍龍結地此中大竅敬聞命矣但八龍煞曜僊官最忌師云

方太先生言。龍得八曜水來。乃成大地。此何說也。夫子曰。淳安方臘祖墳。巽龍入首。酉水特朝。正是假殺為權地之極大者。殊誤用玉尺經。巽見辛辛見巽兩水妙用之說。竟坐乙向辛。夫巽龍乙山撥龍為殺穴。既受剋面前辛向酉水流動向又受傷。唯龍真穴的。氣旺脈清。所以勃焉興起。占據數州。而穴被龍剋。既違本山結穴之意。酉水殺辛又少化煞為權之方。所以不數年而撲滅。設使當日遇着真師扦立卯山酉向。則穴與向皆得生旺氣。使去逆效順而為吳越錢王汪越國公似亦不難然此言其大者也唯民間大小墳塋犯八煞病至細至密處有水剋向者有向剋水者有水剋水者有向剋向者共有四弊予便讀歌巳水破局節巳言其例推之二十四向莫不皆然予聞言因嘆曰殺曜一歌人人知誦若非吾師指點許多關係犯之竟不及覺世人方看幾句地理書即以知地自恃何哉

尋龍卷終

點穴歌括引證地圖說目錄 共六

橫山橋包氏山北巨富地 七頁
淳安白茅灣賴布衣扦貼壁蝙蝠七進士地 十一頁
蘇州陽包山張氏世甲科地 三十四頁
蘇州虎邱南十房庄白玉蟾仙師扦仰天螺螄形劉氏解元進士地 五十一頁
常州南門外石荅裏呂宮狀元宰相地 五十五頁

蘇州白玉蟾仙師扦橫山尾開府地 六十七頁

凡地局中砂水有高者低者大者小者遠者近者向者背者順者秀者斜者正者以及來去緊寬開閉聚散皆禍福所關猶如向來古文每篇內有起落開闔抑揚頓挫諸法時刻地圖皆糊塗描畫不知方位形勢猶如選家止刻白文一篇予人不知句讀圈點現出眉眼之法今各卷地圖悉照地上情形一一寫出指示吉凶所以開明後學其關係匪淺鮮也

目錄終

嚴陵張九儀增釋地理琢玉斧巒頭歌括

受業諸暨陳　綵持三 庠姓嚴
趙　斌方旦 榜姓朱
趙　溥功成
男張廷楨貞木
張廷檉聖木
壻蔣徽祥發其同課
受業暨庠袁士麟玉書參訂

點穴歌

立穴先須知四落。初●末●胥●分●皆可作。
廖氏云。入穴先須明四落。有●落●皆●堪●作●有字宜思。
初落由來近祖山。局勢必須完●完字理該寬字為
妙。胥落餘枝作城廓。吉氣于斯泊。是的。末落名為
大盡龍。氣勢最●豪●雄●大盡非風吹水刼。則微弱單
薄。故喜豪雄。分落後龍擘●脈●去。貫串還可取。豈有
不貫串的。此可識四落之大槩矣。
四落原本有四圖。似不見安。要在一局中而尋四
落。則有落皆堪作。●有●字之義方明。

初末胥分結穴之圖

第二結局更精元。欲求穴的分明合。

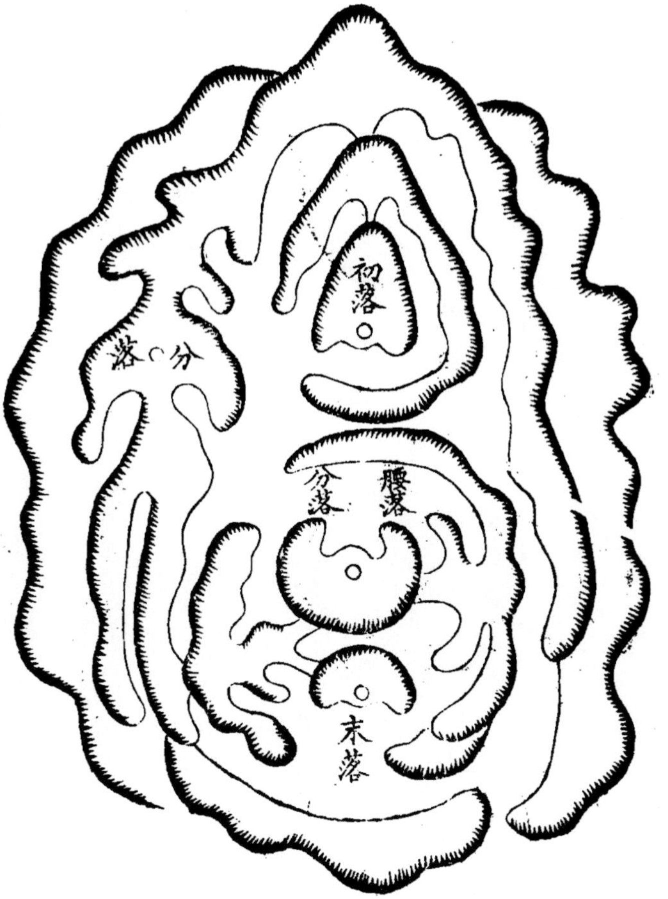

何謂結局。直來而撞背者名順結。順來而斜出者名閃結。正來而側落者名橫結。或翻身而顧祖。或轉面以當朝。極之或如倒騎龍之類。俱逆結。此可知四落中有四結矣。

撞背順結圖

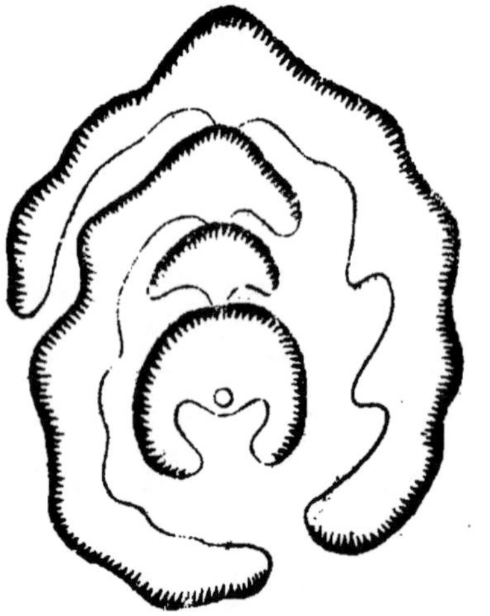

斜受閃結圖

側落橫結圖

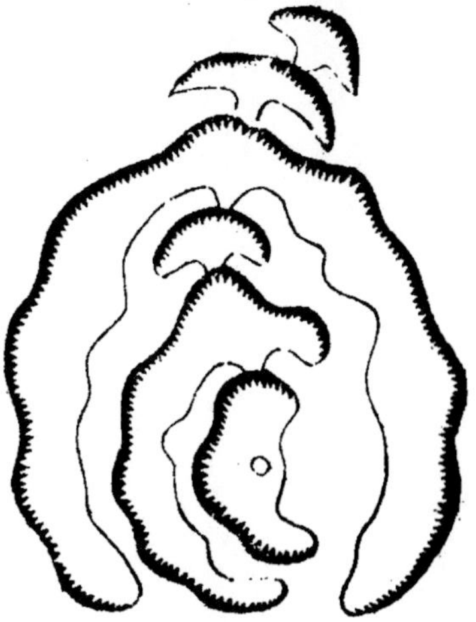

回龍顧祖圖

轉面當朝圖

順結不如橫結。橫結不如逆結之得水。倒騎龍不圖形同穴星篇。

第三教君詳四勢勢中首取羅城密

四勢前後左右周圍局面是也詳前觀後防空曠而吹胸刼背大忌峴左盼右忌凹缺而割耳射肩大忌郭氏曰障空補缺天造地設可知四勢貴周密矣

東湖主云羅城有內外之分穴塲名內羅城宜緊小宜周密不可放鬆看其城廓外羅城不必苛求

大小聚散任君裁高低偏正勢中悉

山以氣止而不徒聚故諸峯散亂休留意好話水

以氣全而不亂蓄故羣流返去莫勞觀好話源頭水尾無大地每凶多而吉少好話來短去長少真結當禍重而福輕好話神前佛後多係鬼劫之地亦不盡然石粗水響鮮有真氣之鍾此是真的一山顧一水歸無因小聚而昧大散之勢大勢散小勢聚安有大地四水遶四山聚當知大勢而棄小節之疵若穴內看見的亦不好故卜氏曰一山一水有情小人所止大形太勢入局君子攸居此四句極是但世人不解遂以緊夾出公卿之地指為

小人所止。以。寬。蕩。埜。公。卿。之。地。指為大人攸居。甚多誤事。取小醇而忘大疵。是用管中而窺。豹。通病。就衆凶而尋一吉。殆猶緣木以求魚。通病。劉氏曰。無情無意慢輕遊。萬嶂千山不轉頭。此是北京之西山也。縱有前山生秀麗。須交穴穴是虛郎。好句。

蔡氏曰。大●勢●若。聚●則。奇。形。怪。穴。而。愈。真。正。是大勢●若●散。則。巧。穴。天。然。而。反。虛。假。是合之可識四●勢●之貴●團●聚。已。

山昂局窄高●處。點。是的。四畔平。和低●處。潛。是的。砂局均勻中正作。極是。邊寬邊緊穴當偏。更是。水斜山亂窠中隱。此句大妙。樂空下短定番身。是的。有來有局尋盡結。亦好。山窮水盡向胥尋。正法。四圍高逼穴易壓。嶺上尋蹤。亦須要窩。四畔低曠穴恐露。麓下留情。窩藏了。左高而壓穴尋右。右高而壓穴尋左。任我推移。推移兩字大得變通之法。但左高則依左。右高則依右。發福地皆如此。前逼而穴宜扦後。後逼而穴宜趨前。隨吾進退。雪心賦云。三吉起于何方。則取前進後退之步量。即此推

移進退之意。或近壓而遠秀。或內瀉而外收。穴須
高取而論周圍。即嶺上尋踪之意。或遠粗而近媚。
或外窄而內寬。法須低藏而求窩聚。即麓下留情
之意。低窩則富。藏聚則貴。四伴團彎宜識穿弓而
架箭。穿弓架箭之妙。非但砂局均勻中正作者宜
然。即邊寬邊緊穴當偏者亦然。凡穴在外雖有偏
正之殊。在內則正而不偏。方能發福看古仙跡便
知。衆山粗雜。須知移步以換形。粗中求秀。雜中求
清也。山水兩佳局罕有。官祿兩就法須知。點穴全

要得此竅。倘山不如水之有情。祿當就則就之也。
俯而就下曰就。如口就食必須到口。如水不若山
之秀。拱官當迎則迎之焉。仰面迎高曰迎。如主迎
賓。形親志切。來脈若天然。休貪朝秀而誤轉。所以
有貪朝失穴之病。過水如弓返。喜得砂蔽以深藏。
一案能遮。百然。衆大一細取其細。女坐閨中而不
露。穴穴皆然。衆細一特取其特。鶴立鷄羣而自奇。
精句。坐忌空。下忌短。特論常理。豈所執于翻身迴
結之局。所以無樂無鬼的地皆發。山直來。穴橫受。

多犯衆忌彼惡知乎脫龍就局之權局固當就龍萬不可脫此言脫龍者脫其直硬急迫之龍而脈氣則依然一線貫入穴中也勢逆砂順誰識離鄉堪取貴果然水朝砂抱須知此地好救貧如此地自然朝貧暮富三山齊來望縮藏者而尋穴至言諸脈亂出有跌斷者則為眞要訣蔡氏曰山川之變態不一咫尺之轉移頓殊或仰視而醜或高視而好或左視而妍或右視而媸或秀氣在下而高則否或情意偏右而左則虧此可知四勢之貴裁

取矣。東湖主云。註中山。不如水之。有。情。祿。當就。則就。之。曾于武進橫山。橋山北一地。見其四水窩聚層。層。圍。遶。蓄。注。堂。中。余。為

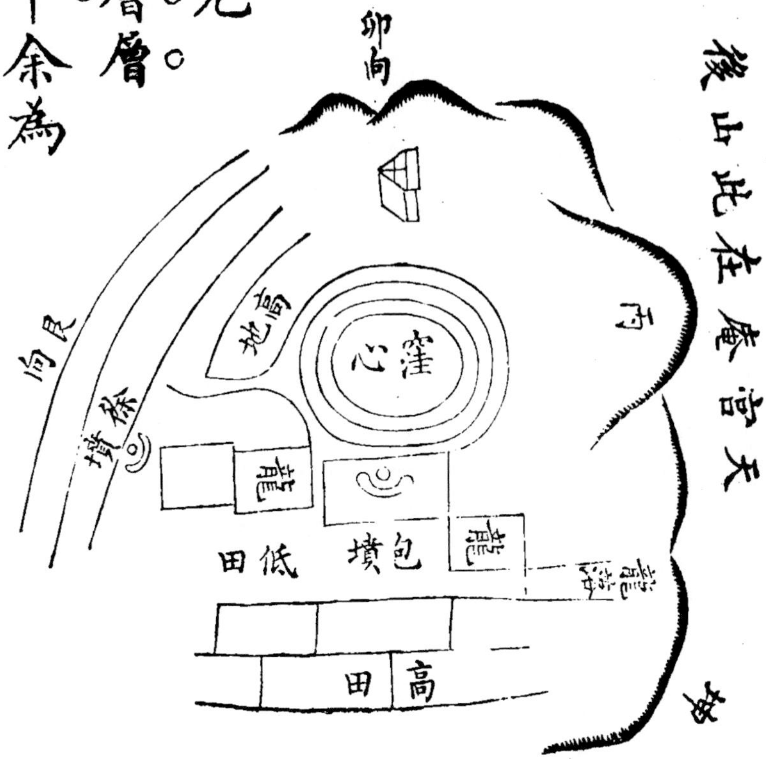

點穴七

包御賓卜壽域誠一大富局也其姪包元初私淑予因得此地龍身皆係方土斷續相聯盡頭處常州徐宅地葬下發甲為顯宦子又發甲孫又發科殊砂飛水走全不是地又扦坤艮局滿盤退氣而發大福者以其祖墓正興發故也日久此地管事則不美已

第四點穴要識體正變怪形難比例取用還從頂足分盡在高人心目裏

穴體以五星之正體為上 大抵發福地正體居多

九曜之變體次之。

古人辨穴歌曰。金宿開窩扦取。水無窩掛角。水泡。取若然窩角不分明。硬面禍來侵。金星扦穴有二法。木星有節節中取。無節鍬皮軟處扦。直木開口却為奇。陰穴定無疑。陰穴者扦在木星開極處也。如陰戶然。木星扦穴有三法。火星結穴須取土。入穴原來要木乳。無土難扦尖盡處。翦法方為是。火星扦穴有三法。水宿不宜下。水穴下了人丁漸消滅。好從金頂問根原。應產子孫賢。水星扦穴止一

法陰土不宜重見陰作穴須尋腹裏金忽如閃歸角裏落流金方可作土星扦穴有二法觀此訣而可知五星正體之穴矣

又曰本體自身無龍虎護借隔水平面倒地成星象體準高山上起頂下垂脈龍虎均勻者名曰懸乳上有頂下無乳左右分抱者名曰開口懸乳開口分別明白

邊有邊無為單提須防直竄一長一短號弓脚切忌斜飛單提仙弓分別明白無頂扦凹尋沒骨貴有近樂棄正就斜安側腦喜得特朝

沒骨以近樂為先。側腦以特朝為主。從巒頭上理會之。自可悟也。重龍重虎雙臂要密。龍長虎長直出當防。此可得九曜變體之穴矣。

又怪穴歌曰。穴有怪穴人不識。造化原可測。體格何曾亂。九星乍見得人驚。騎龍須要騎龍脊。龍住應無敵。此一穴。藏龜閃跡在田中。水遶是真龍。此一穴。漱石不宜安右鎛。土穴端無價。此一穴。捉月雖云在水中。還要土來封。此一穴。斬關已見前人下。暫發久嫌假。此一穴。斬關與騎龍相似。而實各別看後圖便明白也坐空轉面去張朝不怕八風搖言龍身不怕風搖非言穴場也仰高山頂現星辰平面最為眞非但平面還要四面輪浴高起中間低而窳下方是變態無窮聊舉例作用皆如是

又楊氏曰龍已識眞無可疑尚有疑穴費心思大抵眞龍臨落穴先為虛穴貼身隨虛穴倒是明白好看只是精神終不收斂用神終不肯為我用穴有乳頭有鉗口有叉有平坡無左右有亦有高峯下帶垂有更有昂頭居壟首有也曾見穴在平洋

四畔周圍無高岡。有。決有高岡。俗人不識耳。隱隱隆隆。大發福秀。也曾見穴臨水際。俗人見此無包藏。有。決有包藏。若無包藏。決不發的。也曾見穴如仄掌。却與仰掌無兩樣。有。仰掌有穴。仄掌亦有穴。如覆掌便無穴。惟虎口或有之。也曾出穴直如鎗。兩水射脇自難當。有。更有兩龍合一氣。兩水三山共一塲。君如識穴不識怪。只愛左右抱者強。世人同有此毛病。然發福地亦多左右彎抱。但有彎抱。而發。者。亦。有。彎。抱。而。敗。者。此。處。當。思。何。以。別。之。此與俗人無以異多是葬在虛花裏虛花左右似有情仔細看來非正形辨之要靜氣虛心虛花假穴更是巧仔細看來無甚好甚字妙似好非好怪穴異形人厭看如何子姓世襲官只緣怪形君未識識得裁穴卻無難點穴全在能裁裁得由乎識得識得眞認得明方能裁得來請問將何訣法而識之合此可得怪穴之體矣

東湖主云已上言盡怪穴情狀已極變幻然尚有穴法可以摹擬殊竟有硬劈穴塲匪夷所思者曾

見宋時賴太素在淳安縣西寺白茅彎為徐氏扦
一貼壁蝙蝠形出進士三四人其穴甚怪穴後壁
立全無脈氣注穴而穴下峻削高數十丈毫無裀
褥兠唇生鼈一窩將棺呑入山内所可信者後龍
是芎藭枝短短一線脈恰好鑽入坐山背心賴公
所點穴塲剛在後脈鑽入透出之處爾而尤妙者
此地乃太陽垂木乳賴公不扦乳而扦右脇下者
中股木乳左股肩上細瘦缺凹有風吹來龍被風
掃面前朝山特起辛峯人立中乳覗之峯面微歪

立右脇覗則開面正朝右手砂脚在右脇覗抱過內堂收住元辰不使走漏在中乳覗則欲過不過水神直流故扦中乳者皆絕唯賴公扦右脇穴

水法合辛入乾宮百萬庄局

穴背巽龍攅入之形確肖

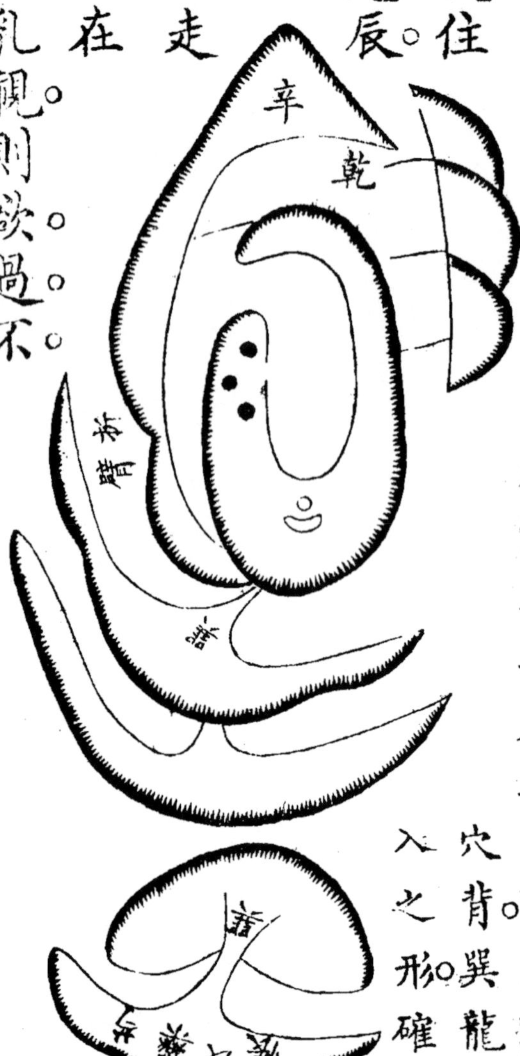

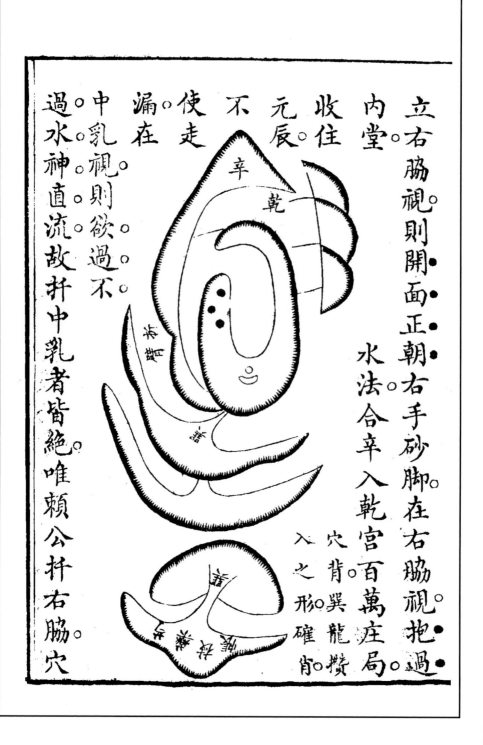

既緊接龍脈左邊凹風又不見吹面前辛砂正朝有情不歪右邊白虎眠在脚下收水不洩是非但善承龍氣抑且局中收砂收水之法更為周到此地與眞龍藏倖穴難尋唯有朝山識倖心龍行開帳龍方貫脈出穿心脈始尊一等名為芎槳龍左右相生本不同分處光員有枝葉此是木星帶水逢數句皆相合

附廖公正變穴格弁詩歌　古來論穴最多如

三十六穴三百六十山形及四十字一粒粟

[illegible]

之類。其中理有出入。未可盡從。唯廖公九變穴格從星體所論最爲精當無疵。故述載如左。

太陽九變

第一太陽名正體。好把覆鐘比。
此星最喜近清光。大小立朝綱。

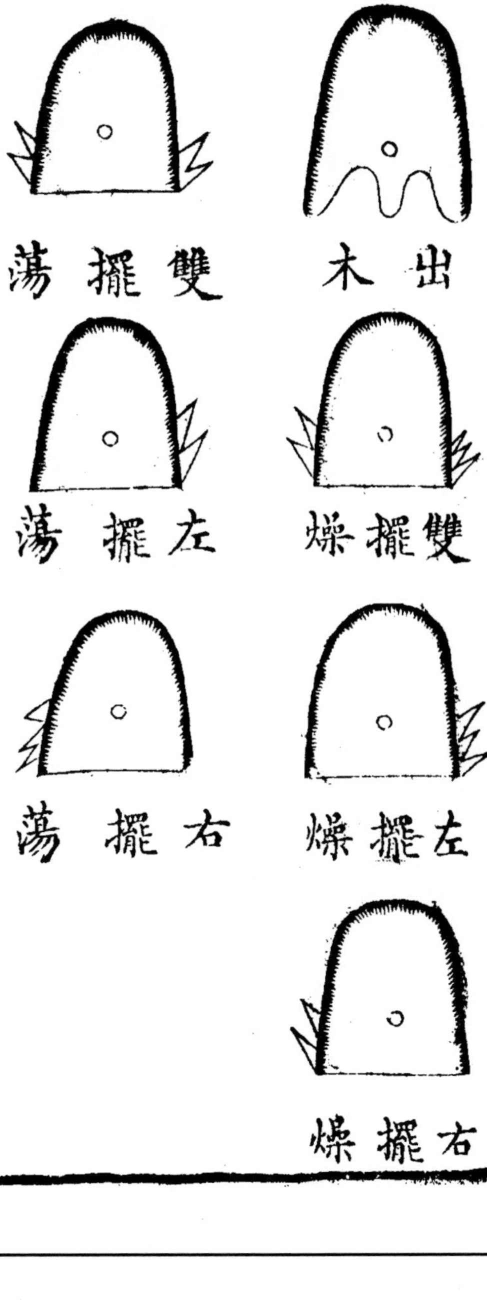

開口太陽

第二太陽號開口。生氣口中有。
時人喝作燕窩形。下後出公卿。

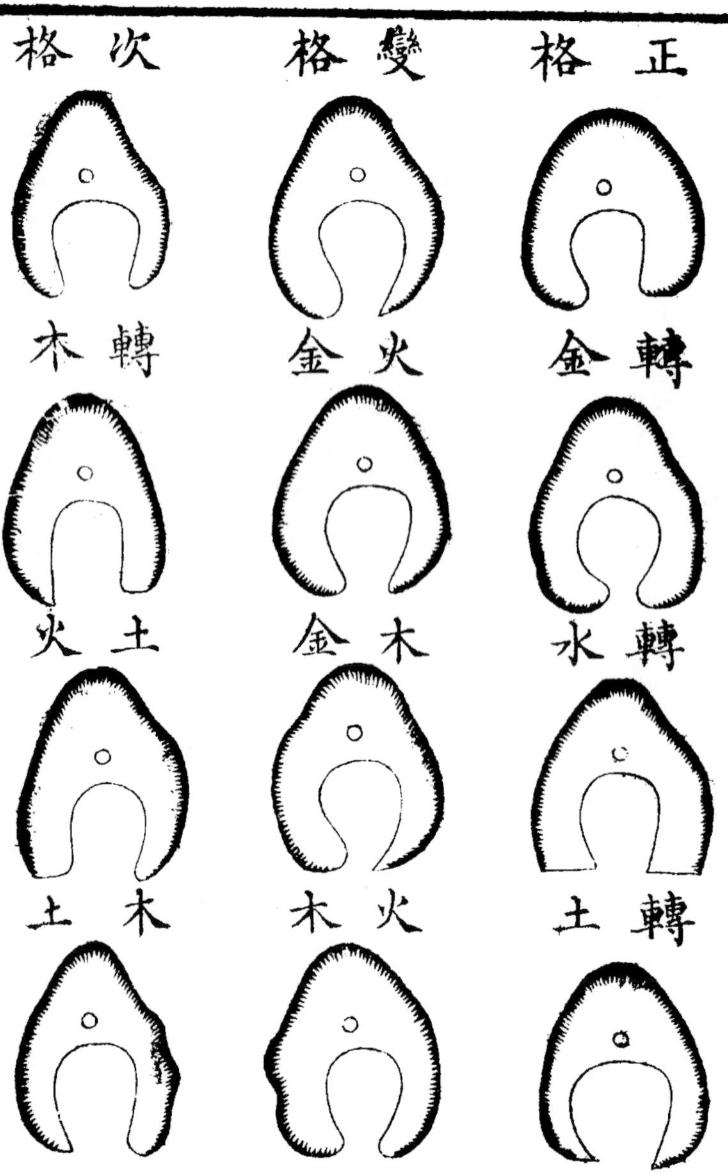
正格
變格
次格
轉金
火金
轉木
轉水
木金
土火
轉土
火木
木土
轉火
木水
水火

懸乳太陽

第三太陽是懸乳。人言八體象人形。

看來分八體。點穴要分明。

正格　變格

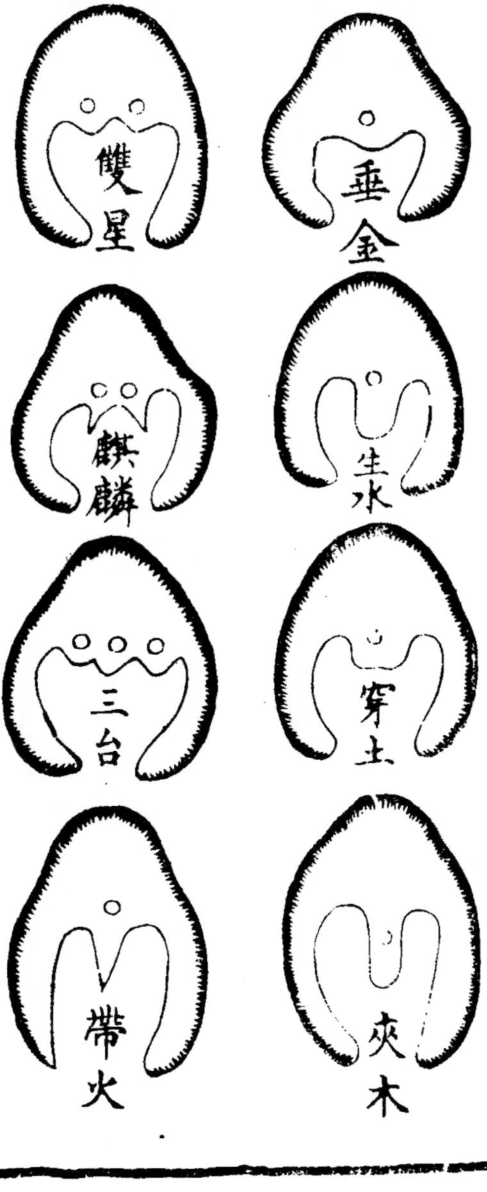

弓脚太陽

第四太陽脚仙弓。左右本雷同。

頸王形

形似仙人蹺足形　官職任朝廷

正格

變格

雙臂太陽

第五太陽號雙臂　二體真奇異
鳳皇展翅喝形真　端可救人貧

正格

變格

右雙

左雙

單股太陽

第六太陽號單股。莫問無龍虎。唱作行山白象形。。。官職此中生。

正格　變格

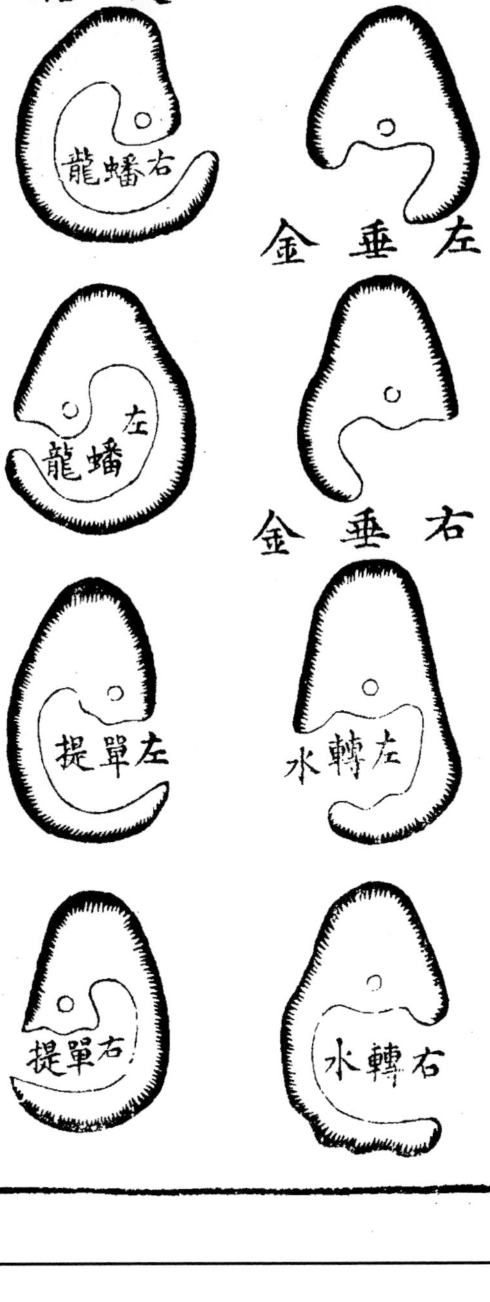

側腦太陽

第七太陽名側腦。肩下穴最好。

形勢真如虎下山。。。富貴在其間。

正格

右仙弓

左仙弓

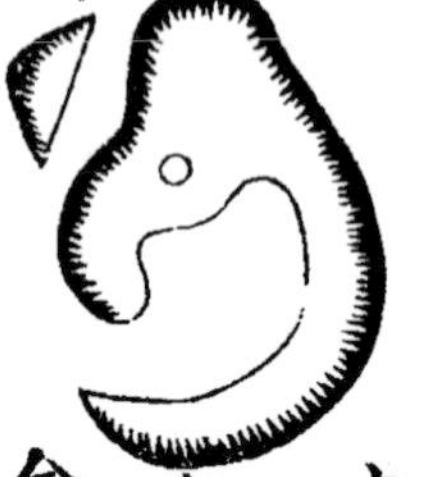
左紐會

右紐會

沒骨太陽

第八太陽名沒骨。肩山開口宿。
時人喝作出欄牛。。。聲價滿皇州。

正格

右搖拳

左搖拳

變格

右疊指

左疊指

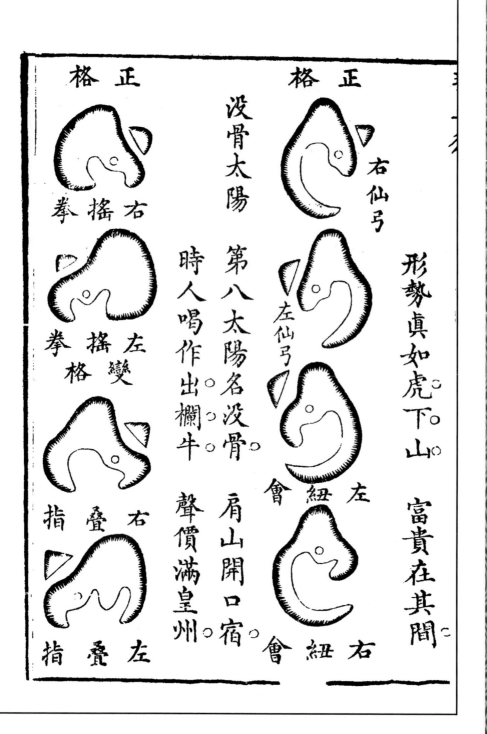

平面太陽

右張胆

左張胆

雙張胆

第九太陽是平面。只在平地現。

人言形狀似金盤。穴向突中安

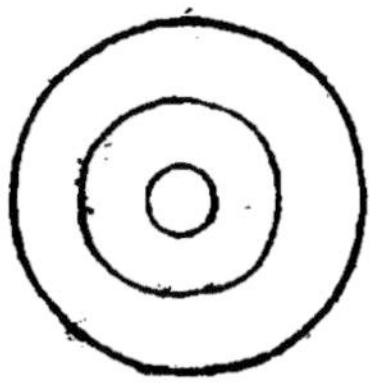

平面

太陰九變

第一太陰為正體。低員眞可喜。

現在天心半月規。男貴女為妃。

正格

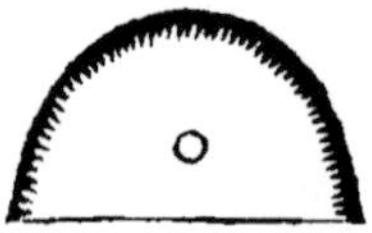
出土

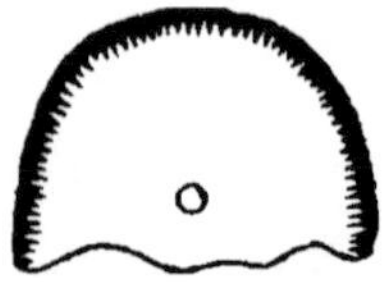
出水

出火

出木

出金

開口太陰

第一太陰號開口。眞穴如何剖。
形如伏兎。最堪扦。富貴出綿綿。

正格

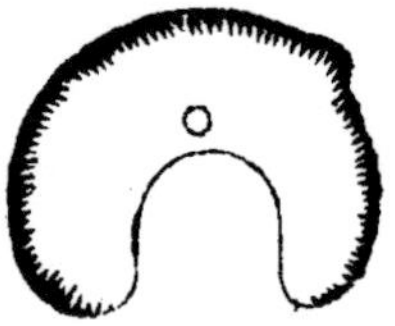
轉金

轉水

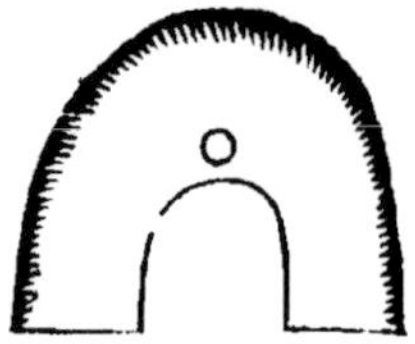
轉土

變格

金火

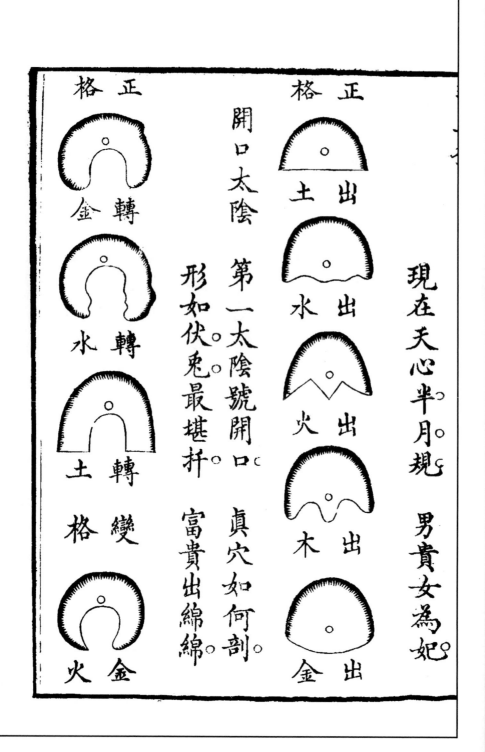

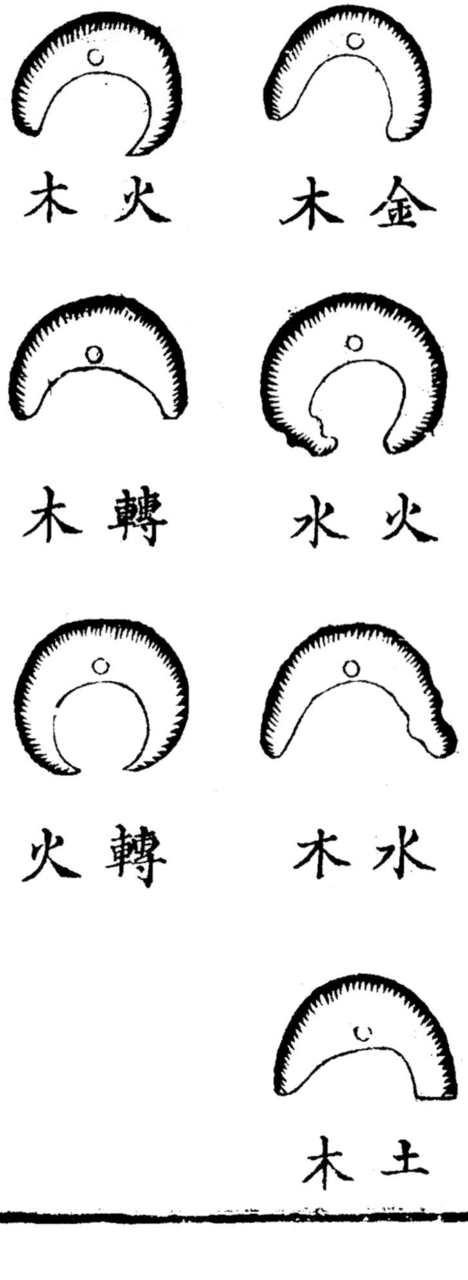

懸乳太陰

第三太陰號懸乳。八體從頭取。

低員形似獸兼垂。真穴在其中。

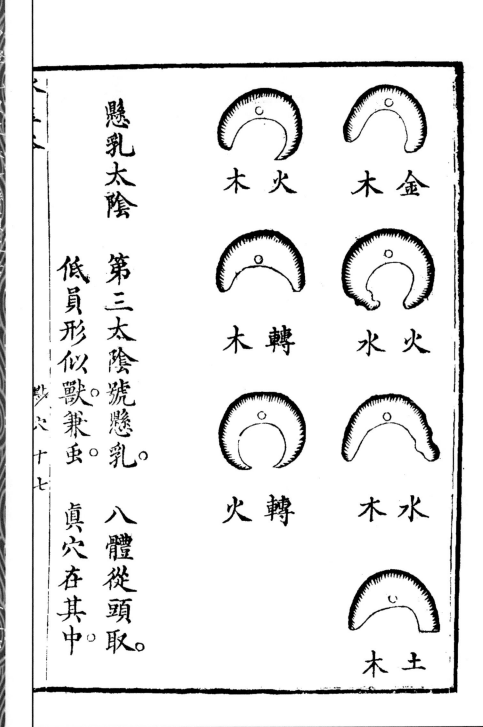

正格

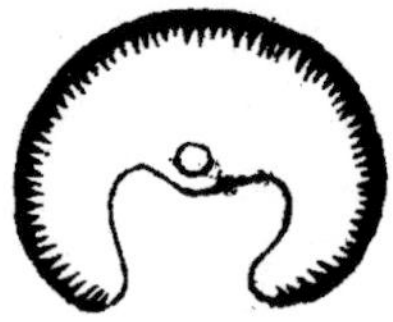
垂金

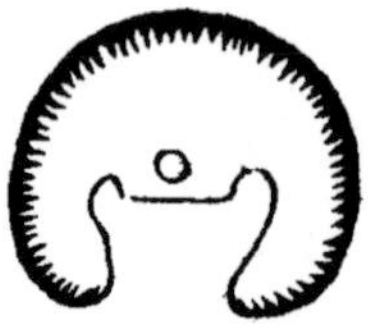
穿土

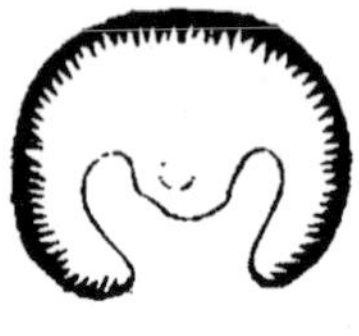
生水

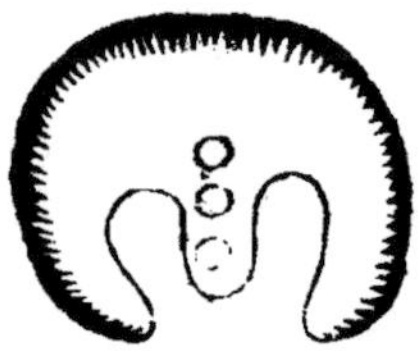
夾木

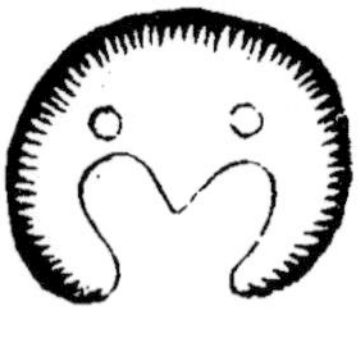
帶火

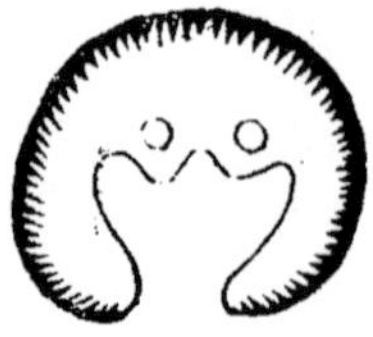
雙乳

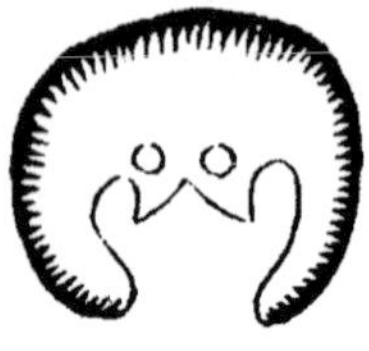
麒麟

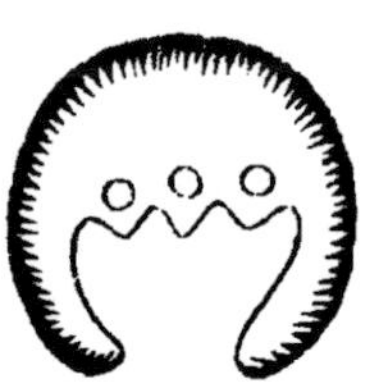
三台

弓脚太陰

第四太陰脚仙弓。形似蒼龍當捲尾。穴水出無踪。富貴眞無比。

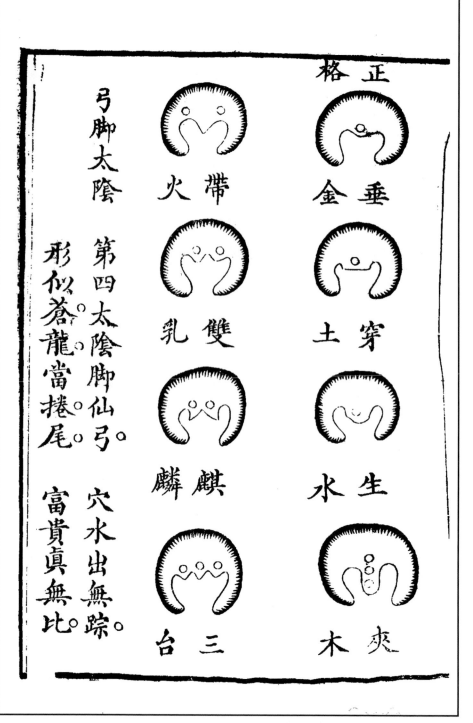

正格

左仙弓

右仙弓

左交牙

右交牙

雙臂太陰

第五太陰是雙臂。喝作金鷄鼓翼形。
本性多詭秘。為福亦非輕。

正格

全雙

挾勢

挾刄

左雙

右雙

單股太陰

第六太陰號單股。恰似金鈎形狀真。

下後人爭睹。從此著官箴。

側腦太陰

正格

沒骨太陰

正格

第七太陰為側腦。形如螃蟹自横行。此穴眞難討。扦後定光榮。

第八太陰號沒骨。要知眠犬是眞形。動處扦穴福。代代有聲名。

正格

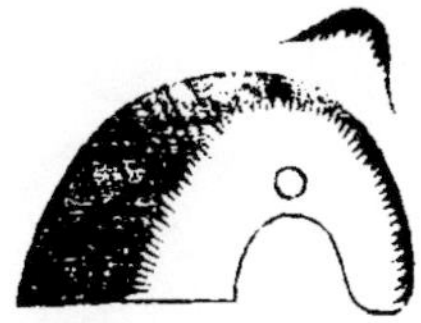

左搖拳

右搖拳

右疊指

左疊指

變格

右吐舌

左吐舌

張胆

平面太陰

第九太陰號平面。過處多如線。

形如寶鏡月團圓。正面一般看。

正格

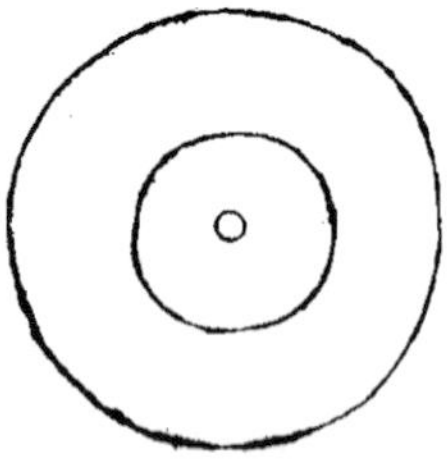

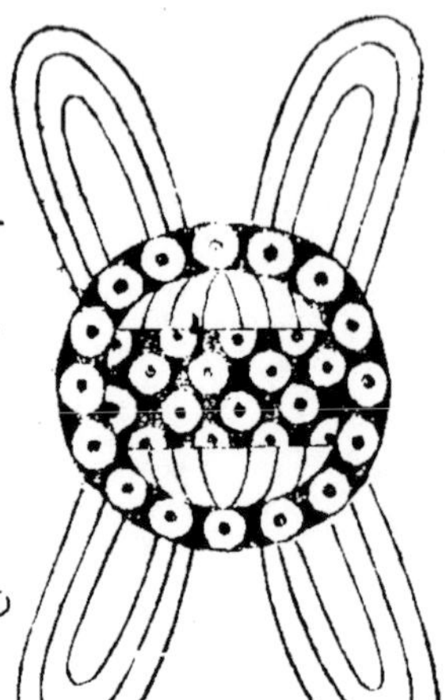

金水九變

第一金水名正體。

席。帽。形可擬。

此星清秀號官星。最喜近御屏。

正格

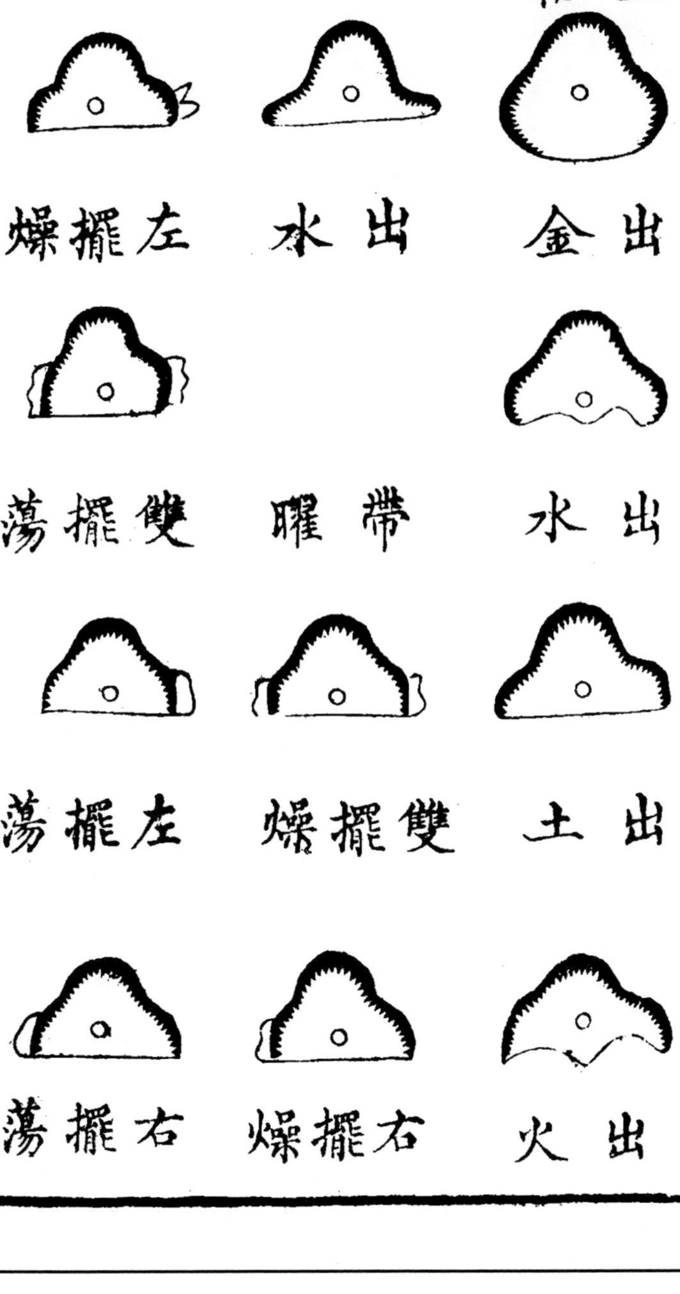

開口金水

第二金水之開口。形狀恰似列三台。

此穴君知否。穴向口中裁。

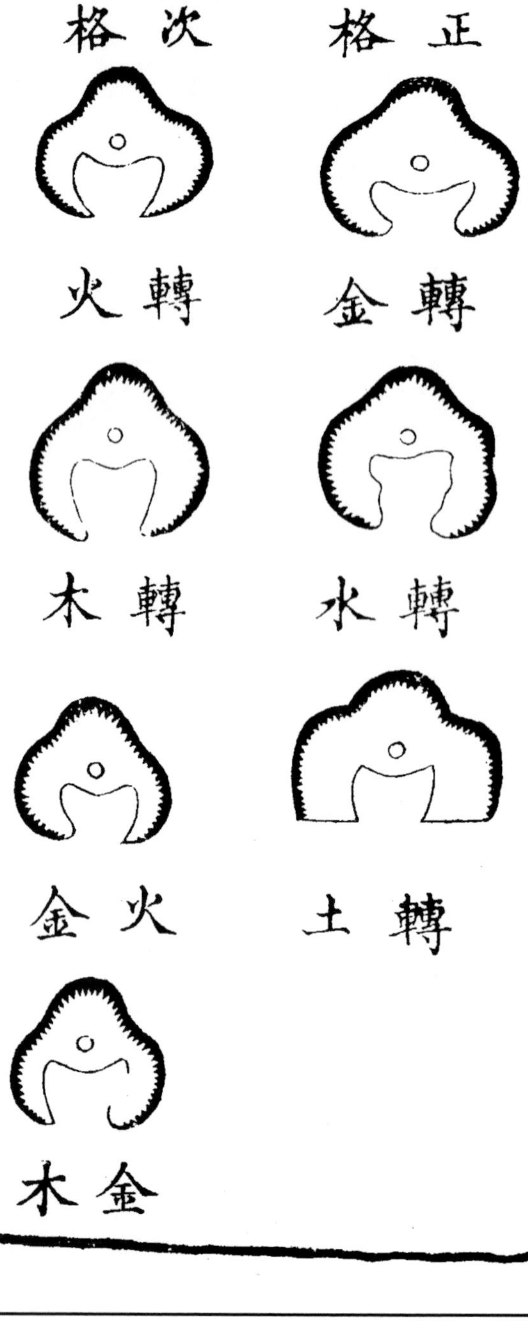

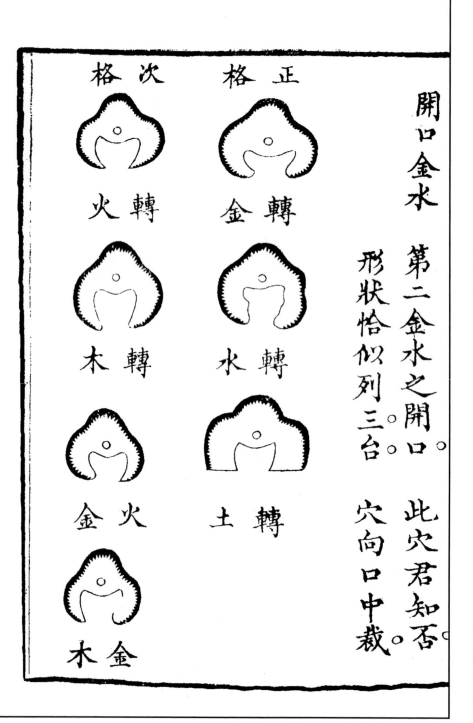

水火

火水

土火

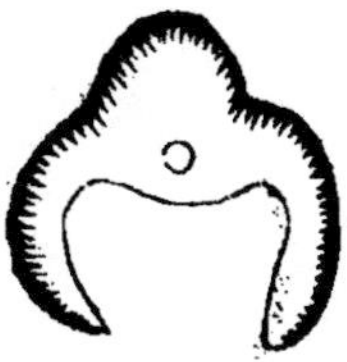
木火

懸乳金水

第三金水之懸乳。富貴眞可比。
坐看展翼是飛鵝。下後便登科。

正格

生水

夾木

垂金

帶火

變格

穿土

弓脚金水

雙星

第四金水名弓脚。此星發福最爲奇。

麒麟

抱子猿相若。狹隘不須疑。

三台

正格

左仙弓

右仙弓

左交牙

右交牙

正格

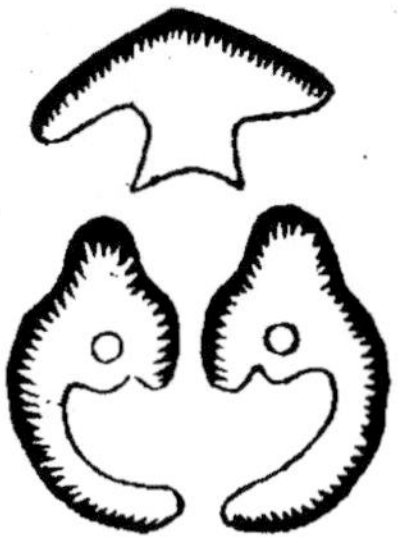

左右仙弓

雙臂金水

第五金水名雙臂。脚下多餘氣。
恰似翔鸞舞鳳形。官職此中生。

正格

全雙

挾勢

挾夘

左雙

右雙

單股金水

第六金水曰單股。形如象鼻喜彎彎。

此地出官府。合湊不為單。

正格

左垂金

右垂金

左轉水

右轉水

變正

左單提

右單提

左蟠龍

右蟠龍

側腦金水

第七金水名側腦。

看來終是好。

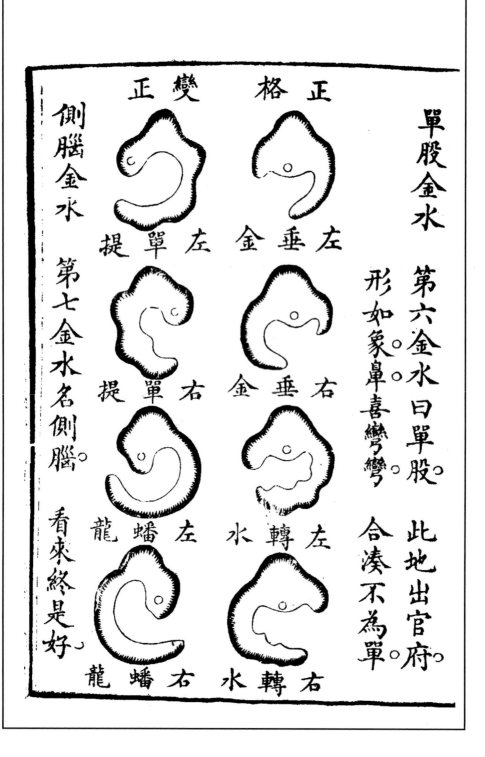

渴虎飲泉形最奇。
穴法最元微。

正格

右仙弓

左仙弓

變格

右紐會

左紐會

没骨金水

第八金水名没骨。
須用楊公術。
分明飛鳳下田形。
穴向動中生。

正格

左搖拳

右搖拳

左疊指

右疊指

變格

平面金水

第九金水之平面。一身員曲要分明。羅星要分辨。取類宜合名。

正格

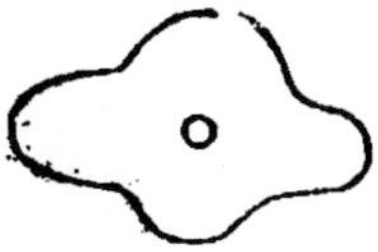
條環

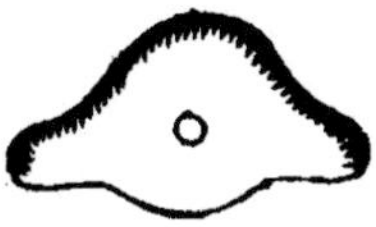
梭子

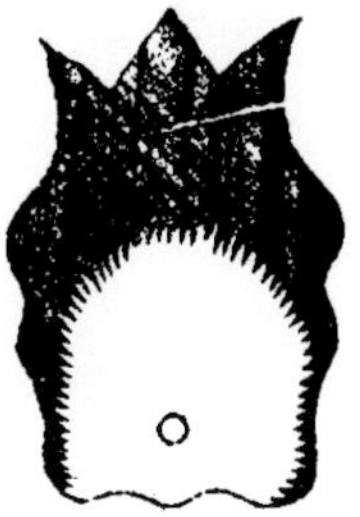
靈龜

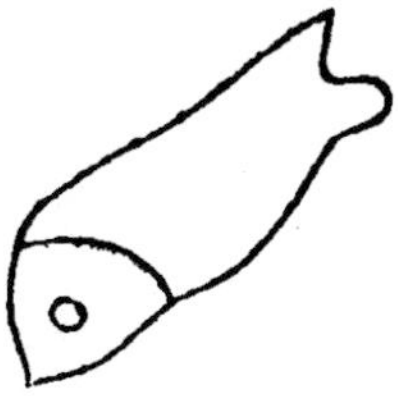
遊魚

紫氣九變

九个紫氣人盡喜。中間手脚有多般。

秀嫩方可取。高着眼來看。

正格

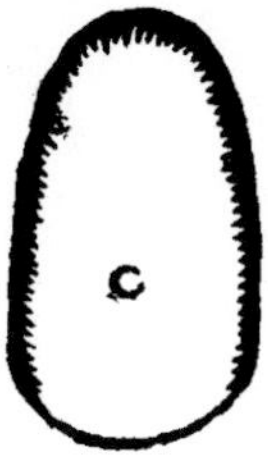
出金

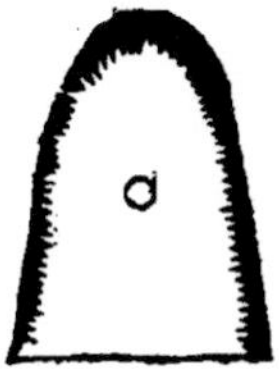
出土

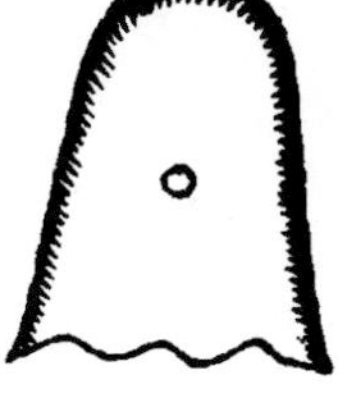
出水

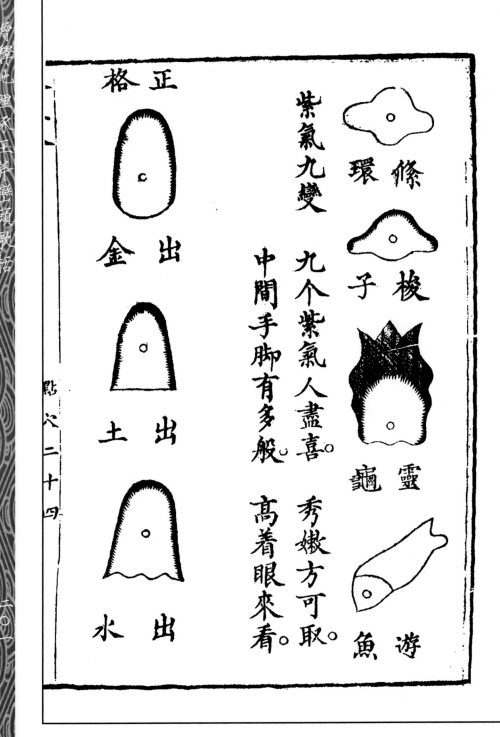

次格

開口紫氣

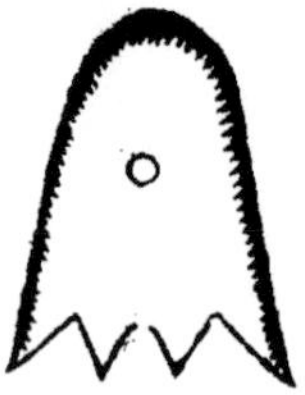

出火

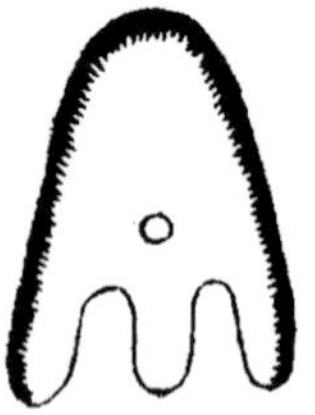

出木變格

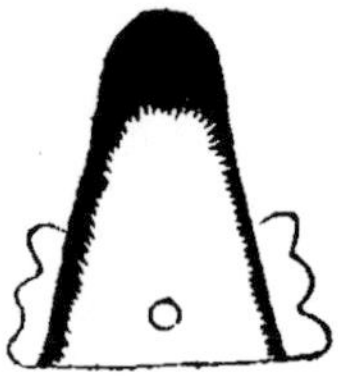

雙擺燥

左右蕩燥類推

第二紫氣號開口。貴人端坐是眞形。

口裏藏金斗。金榜早傳名。

正格

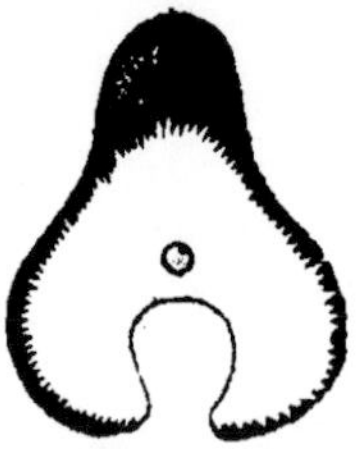

轉金

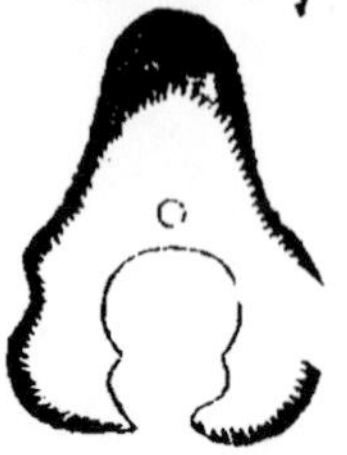

轉水

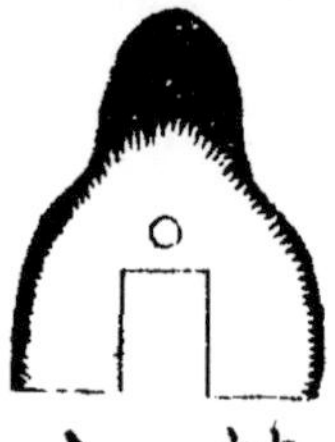

轉土

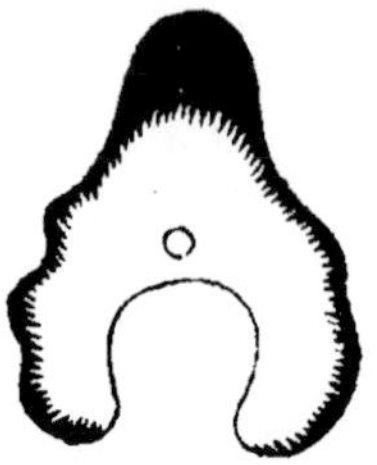

金水

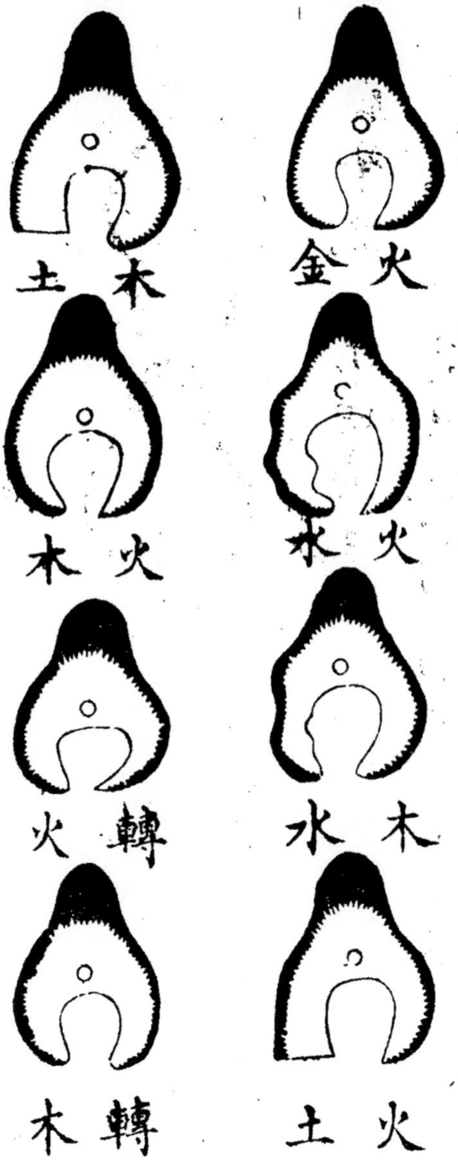

開口格有二十體。左右轉出不同。今以左體為式。餘皆倣此。

懸乳紫氣　第三紫氣號懸乳。清秀眞可取。

穿王分

正格

亭亭盡是美人形。下着出公卿。

秋木

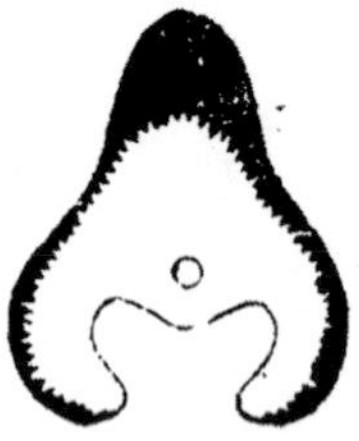

垂金

帶火

麒麟

生水

雙星

穿土

三台

弓脚紫氣

第四紫氣號弓脚。家業興隆也。

美女抱兒形最似。清貴定有自。

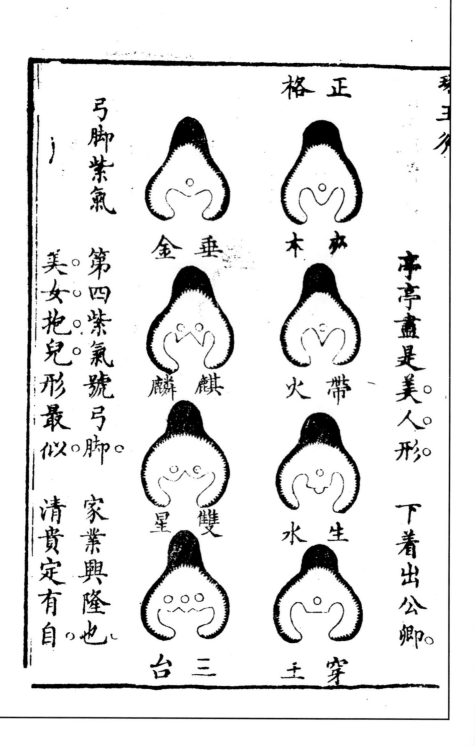

正格

左仙弓

右仙弓

左交牙

右交牙

雙臂紫氣

第五紫氣爲雙臂。疊指不須計。

仙人舞袖生光輝。下後得官歸。

正格

全雙

挾勢挾

乃與各

雙臂同

變格

右雙左雙仝

單股紫氣

第六紫氣名單股。有龍便無虎。

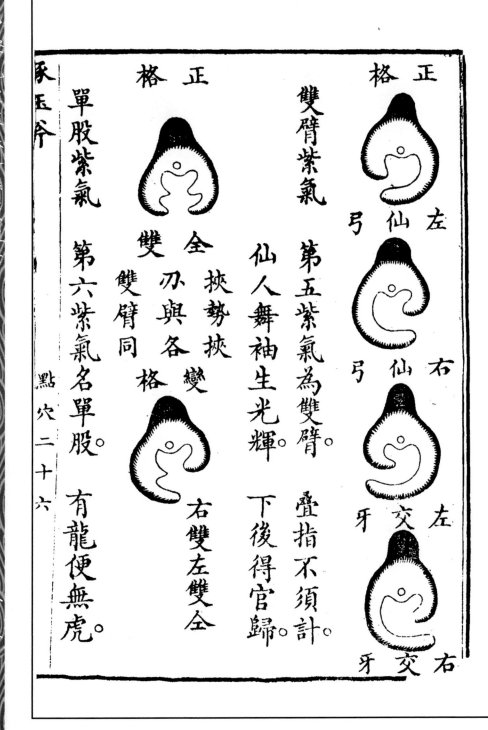

彎彎象鼻是眞形。富貴足金銀。

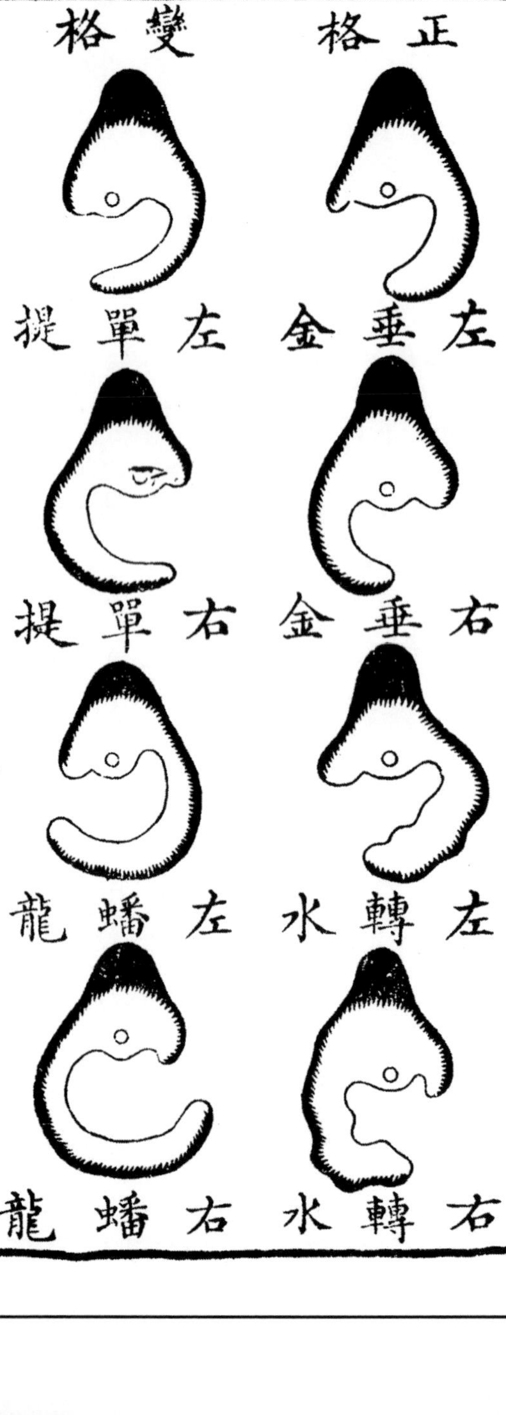

側腦紫氣

第七紫氣為側腦。駱駝初御寶。

莫疑腦下似生窩。正穴本偏坡。

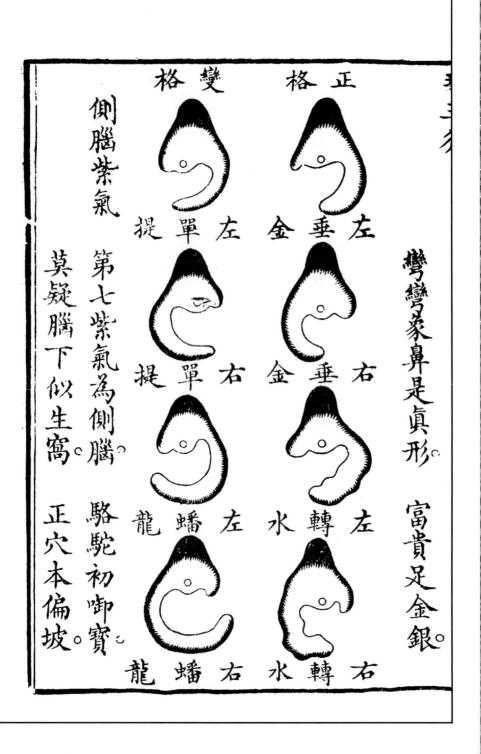

正格

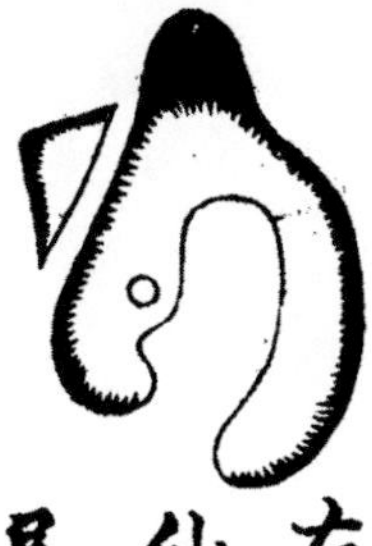

左仙弓

右仙弓

左紐會

右紐會

没骨紫氣

第八紫氣名没骨。尖峯高突出。

形似仙人側臥身。動處合天機。

正格

右搖拳

左搖拳

右疊指

左疊指

變格

左吐舌

右吐舌

張胆

正面紫氣

第九紫氣之平面。形如拜笏更平長。清秀人皆羨。金榜姓名香。

正格

上字

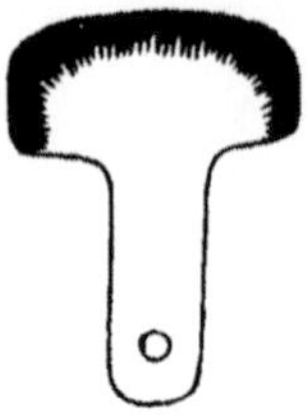

下字

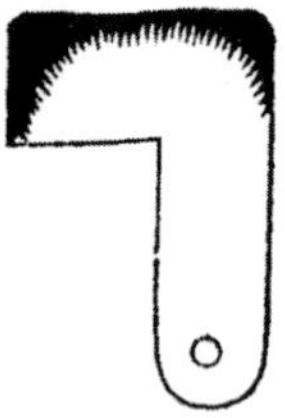

右曲尺

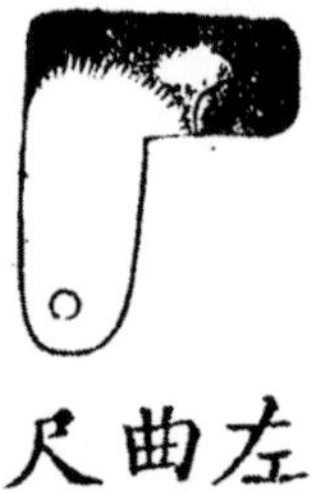

左曲尺

變格

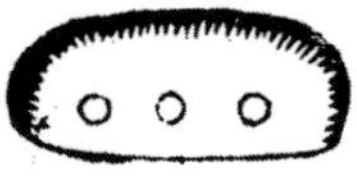

一字

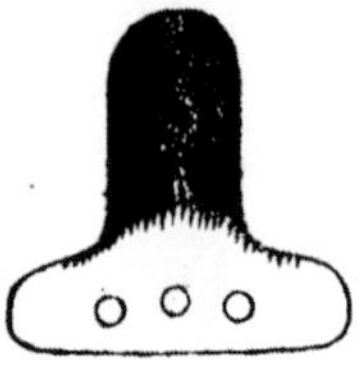

上字

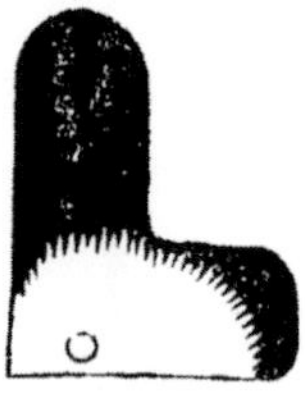

左曲尺

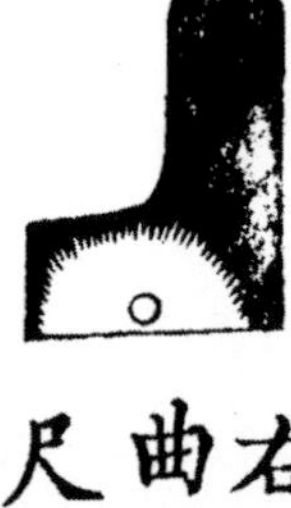

右曲尺

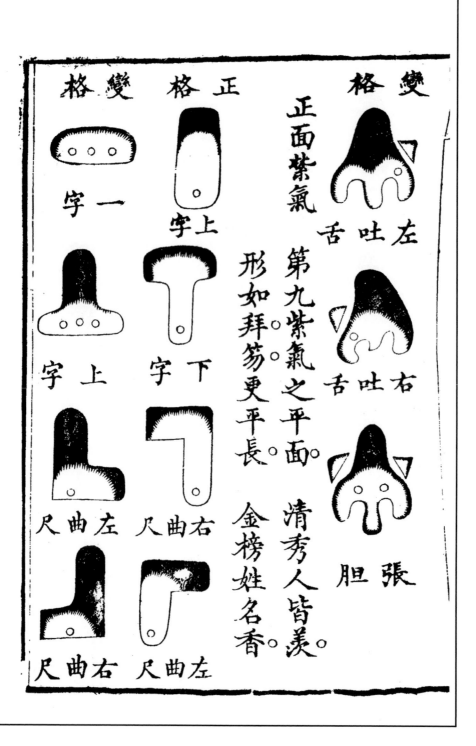

天財九變　第一天財之正體。凹腦斯美已。
形如展誥最分明。富貴永傳名。

正格

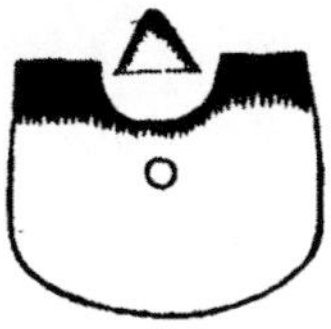

出金

出水

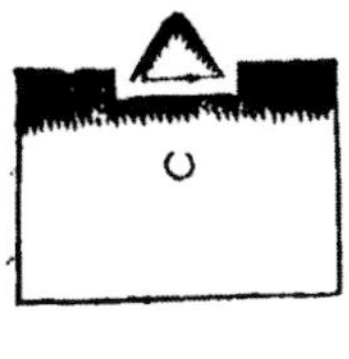

出土

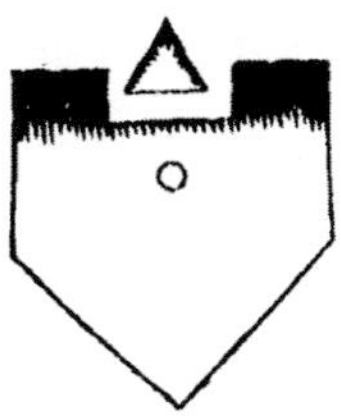

出火

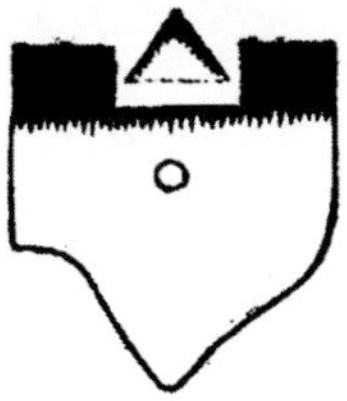

出木

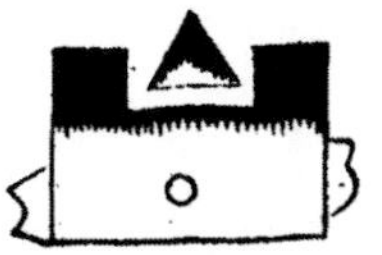

雙擺燥

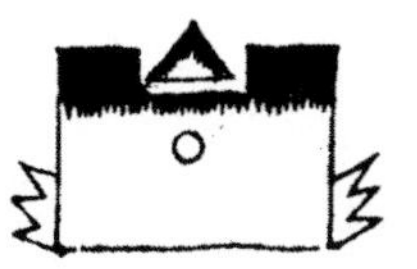

雙擺蕩

單左單右類推

開口凹腦天財　第二天財號開口。凹腦樂居後。

形如玉几貴人凭。後代看飛騰

正格

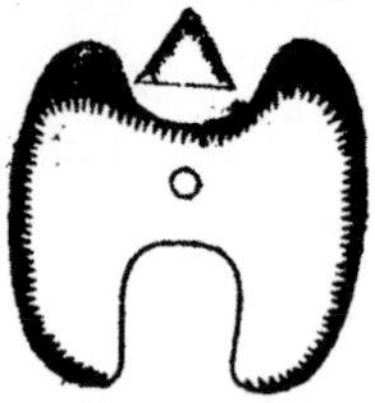

轉金

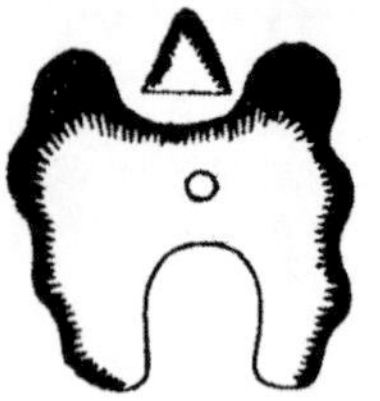

轉水

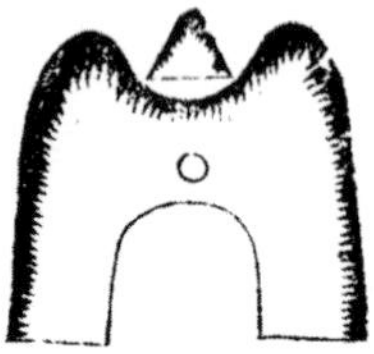

轉土

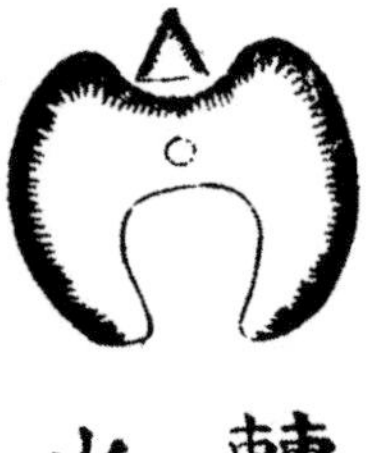

轉火

變格

金火

木水

舉此數圖
餘可類推

懸乳凹腦天財

第三天財號懸乳。凹腦尤堪取。
形如踞虎聳雙肩。無樂也須扦。

正格

變格

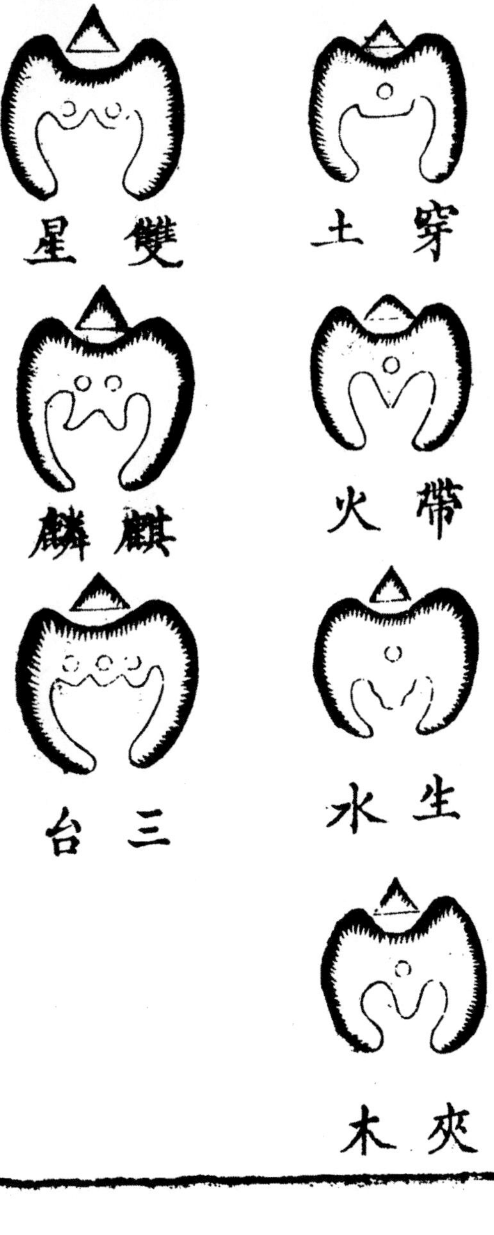

弓脚凹腦天財

第四天財之弓脚。凹腦當心作。

形似蟠龍人不知。定斷足家貲。

正格

左仙弓

右仙弓

左交牙

右交牙

雙臂凹腦天財

第五天財之雙臂。凹腦尤奇異。

恰如龍。馬。飲。泉。形。最好救人貧。

正格

全雙

夾刃

左單

右雙

單股凹腦天財

第六天財號單股。睡。象。形。楚楚。

莫言無虎與無龍。扦着便興隆。

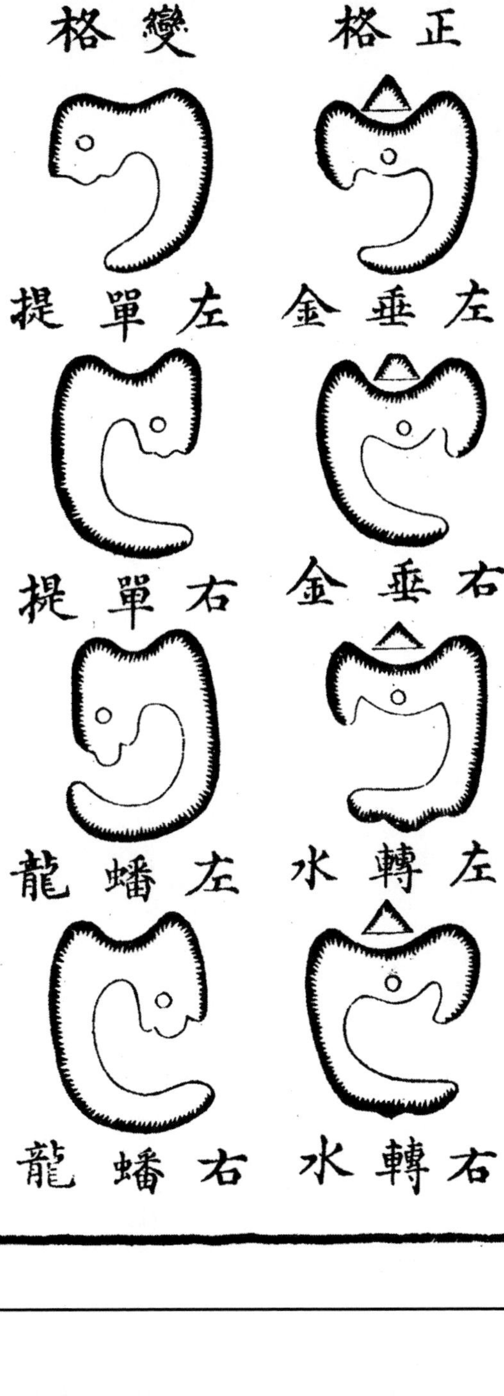

側腦凹腦天財

第七天財號側腦。作見令人惱。

渴驥原來奔澗江。其穴側邊藏。

正格

左扳鞍

右扳鞍

左紐會

右紐會

沒骨凹腦天財

第八天財名沒骨。
喝作將軍勒馬形。
穴向口中宿。
富貴有聲名。

正格

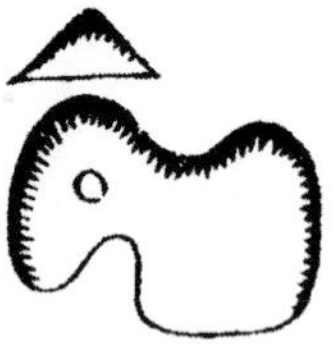

左搖拳

右搖拳

左疊指

右疊指

變格

平面凹腦天財

右吐舌

左吐舌

張胆

第九天財之平面。低處星辰現。
負展胥軟是橫琴。清貴播聲名。

正格

正體雙腦天財

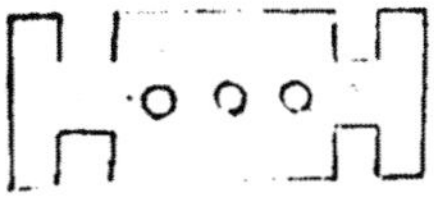

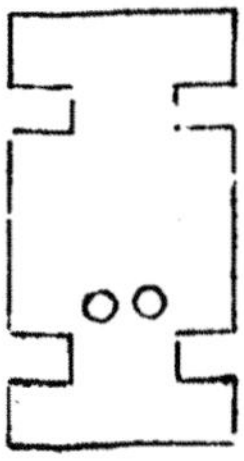

第一天財名正體。雙腦木金水。
貴人馬上勢軒昂。清貴福祿昌。

正格

出金

出水

出土

出火

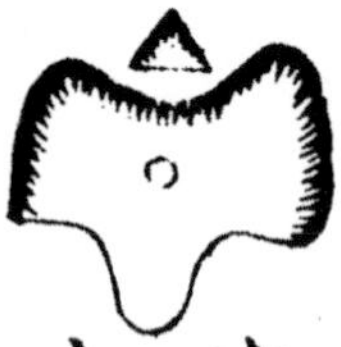

出木

帶曜六圖與正體凸腦天財同。

開口雙腦天財

第二天財號開口。便是量金斗。

形如天馬躡雲飛。撞脈有元微。

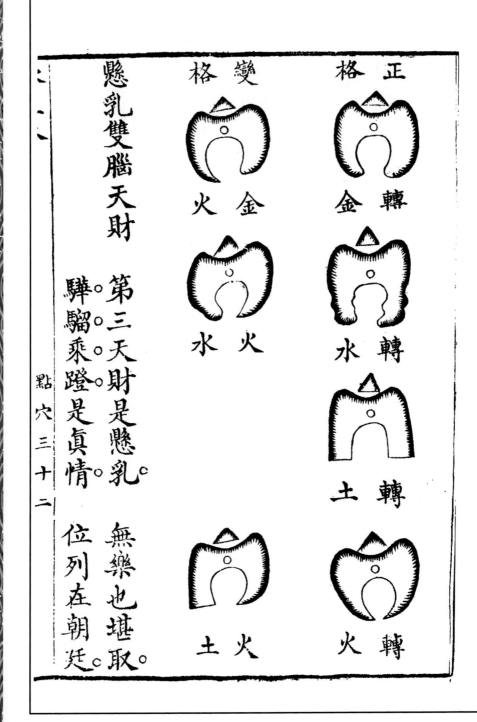

正格　變格

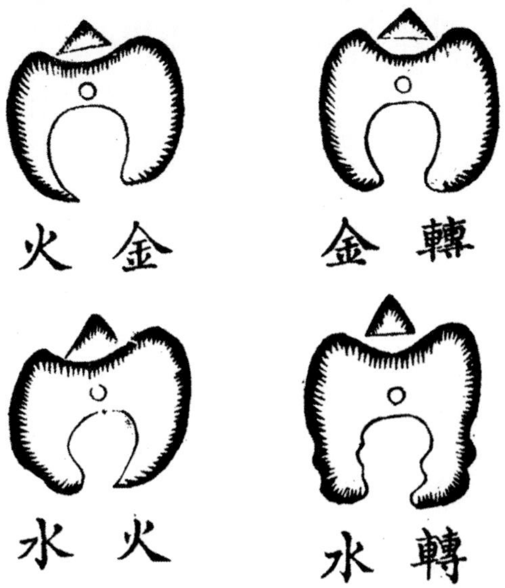

懸乳雙腦天財

第三天財是懸乳。無樂也堪取。

驊騮乘蹬是眞情。位列在朝廷。

點穴三十二

正格

穿土

穿金

帶火

生水

變格

雙乳

麒麟

三台

弓脚雙腦天財

第四天財之弓脚。此穴宜斟酌。

神駒搖尾實相如。玉帶佩金魚。

正格

雙臂雙腦天財

第五天財號雙臂。鳳皇展翅喝形眞。雙腦巧相比。福在子孫身。

正格

單股雙腦天財

第六天財號單股。人號蟠龍土。

此星發越極非常。還要湊成雙。

正格　變格

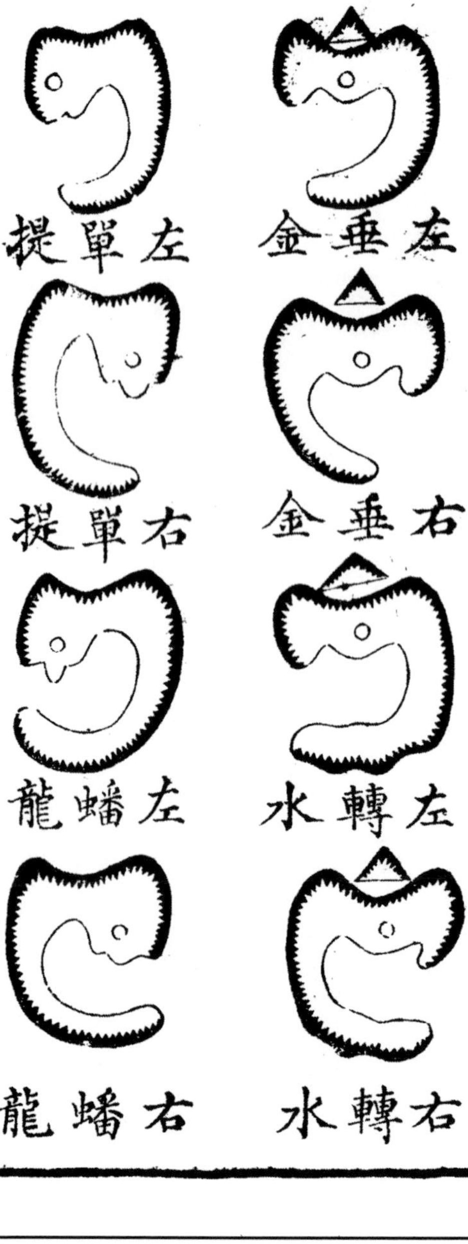

側腦雙腦天財

第七天財名側腦。穴向脣間倒。

元來此體號扳鞍。山光平處看。

正格

右扳鞍

左扳鞍

右紐會

左紐會

東湖主云扳鞍穴法余曾于姑蘇陽抱山為張徵有葬尊人見之此地左手青龍太陽金在壬子方近穴且緊有色澤而高不過二丈餘山脚兜轉收住堂水不使走漏右手白虎即龍身也丙午方高起百餘丈層層卸下有若梭子金樣疊來到穴與左手太陽金緊夾穴塲橫濶不過二三丈據此巒

琢玉斧

頭。非但為日後
世科甲地。而且
葬下即發。發之
加厚。初年葬在
龍頭盡處。拋頭
露面。不。免。風。吹。
明堂。穴下傾斜。
漸漸寬散去。更。
遭。水。劫。徵有與胡來章。素為知交。得以遇余。余愛

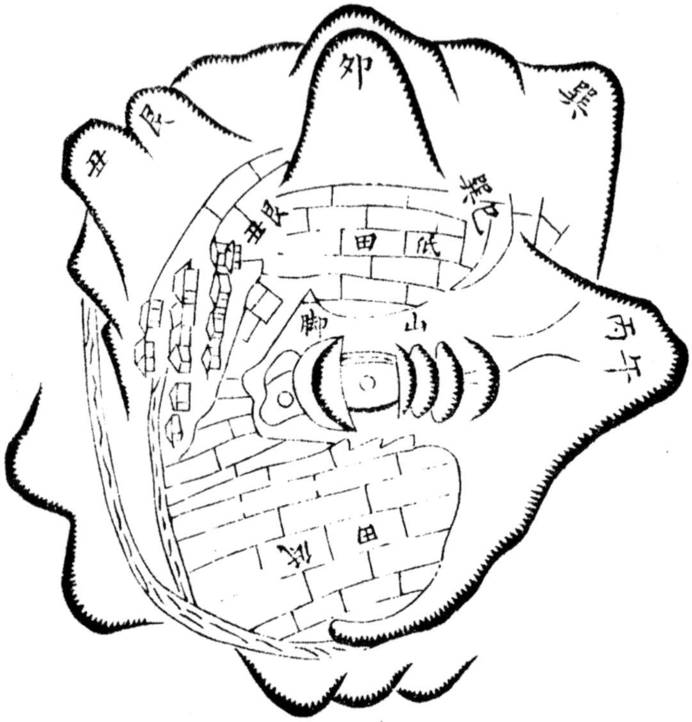

其為人坦率眞誠不事澆薄乃撥壬子丙午四砂以作催官撥朝山卯砂大武金星以作丁財俾伊世發科第且巨富或武貴或白衣人為官

没骨雙腦天財

第八天財名没骨　奇怪人皆忽
腦似寒牛初出欄　穴向靜中安

正格

左搖拳

右搖拳

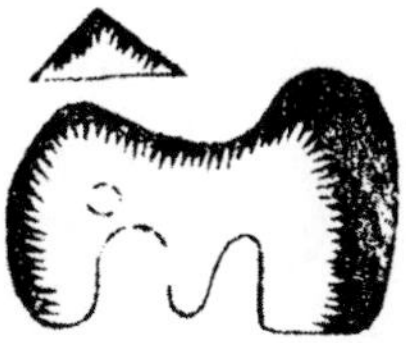

左疊指

右疊指

變格

左吐舌

右吐舌

張胆

平面雙腦天財

第九天財之平面。員曲眞堪羡。
廟形柿蒂任安扦。福祿最綿延。

正格

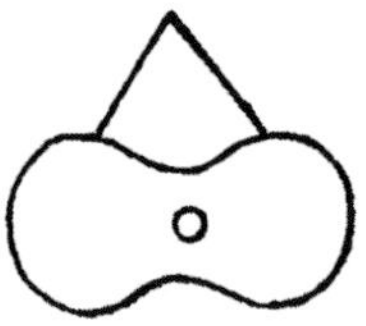

玉廟

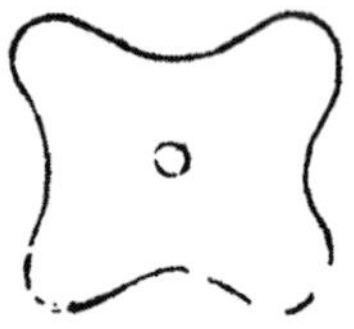

柿蒂

正體平腦天財

第一天財名正體。眞形在此已。

垂珠倒氣始堪扦。玉枕出魁元。

正格

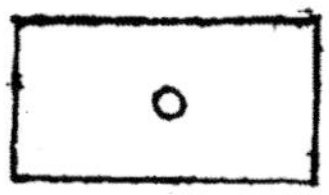

垂珠倒氣

右角

左角

開口平腦天財

第二天財號開口。平腦如覆斗。莫言橫几最為凶。吉穴在其中。

正格

轉金

轉水

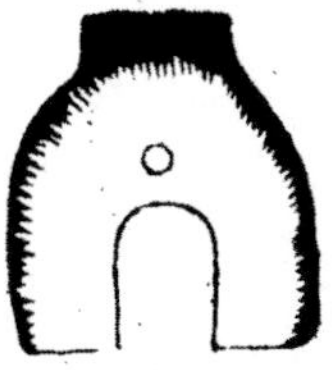

轉土

次格

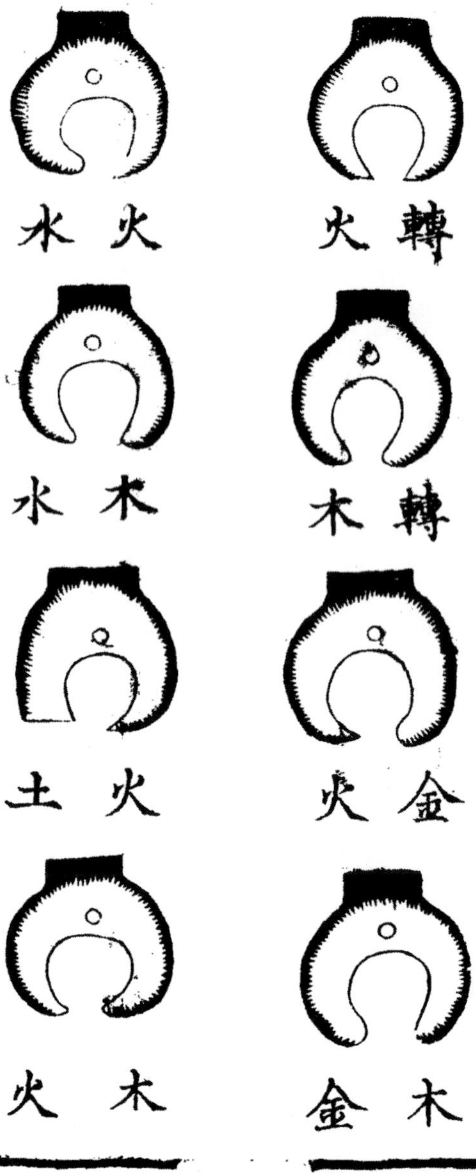

懸乳平腦天財

第三天財平腦乳。此穴人皆取。

看來端的是牛眠。乳上好安扦。

正格

穿土

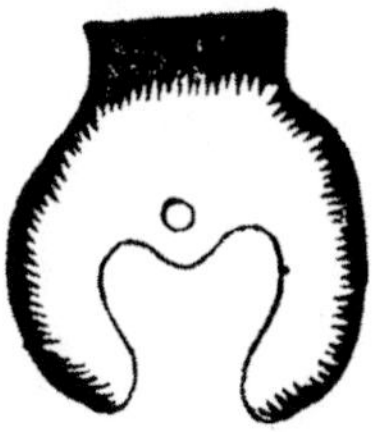
垂金

帶火

生水

夾木

雙星

麒麟

三台

弓脚平腦天財

第四天財號弓脚。橫來要後託。
蒼龍咬尾是眞形。家富有聲名。

點穴三十六

正格

左仙弓

右仙弓

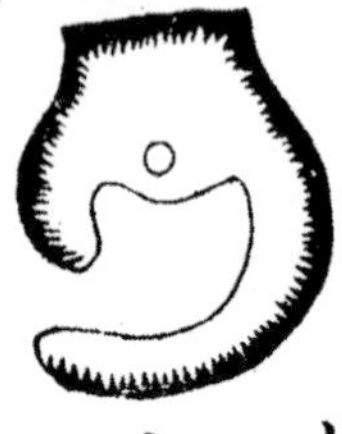

左交牙

右交牙

雙臂平腦天財

第五天財雙臂蘂。平腦尤難遇。

形如伏虎最威雄。世代自興隆。

正格

全雙

夾勢夾以同前但頭是平腦也

變格

左雙臂如是

右雙臂亦然

單股平腦天財

第六天財是單股。此是平頭土。

形如睡象最奇哉。扦着足田財。

正格　變格

側腦平腦天財

第七天財名側腦。醜中還有好。
駱駝飲水是眞形。乳在側邊生。

琢玉斧　點穴三十七

正格

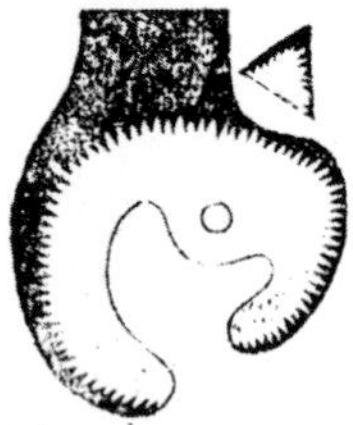

左扳鞍

右扳鞍

左紐會

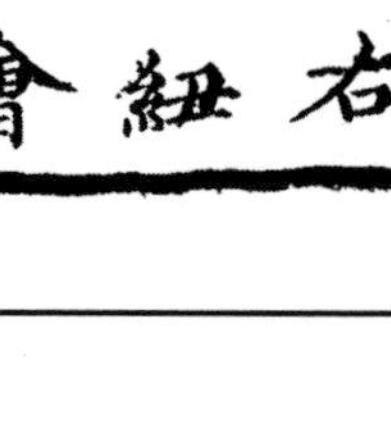

右紐會

沒骨平腦夾財

第八天財名沒骨。出林猛虎使人驚。

此法休尋突。穴向動中生

正格

左搖拳

右搖拳

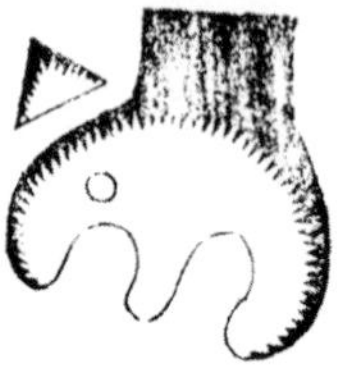

左疊指

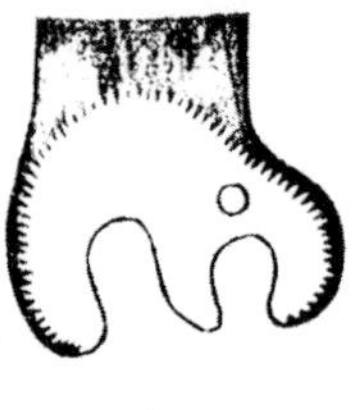

右疊指

變格

右吐舌

左吐舌

張胆

平面平腦天財

第九天財是平面。土氣須細辨。
若還四直號方盤。中心最好安。

直格

上字

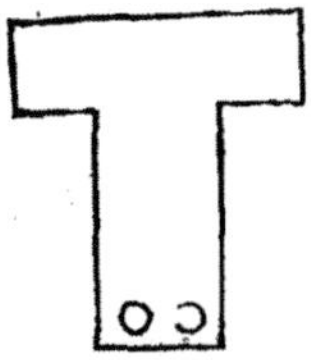

下字

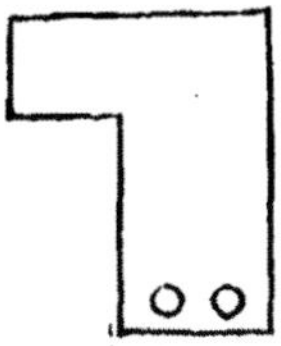

左曲尺

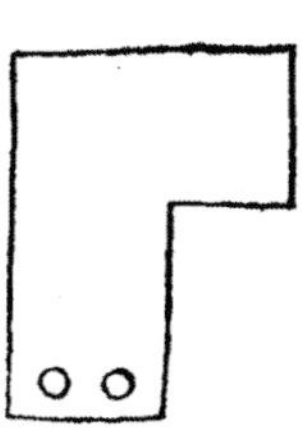

右曲尺

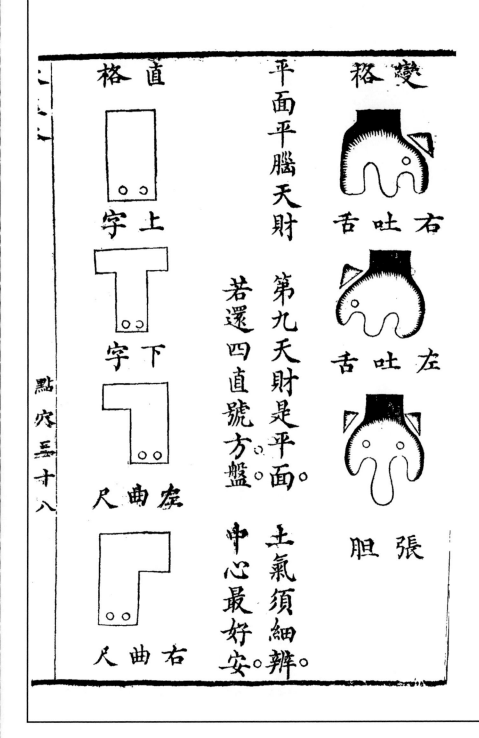

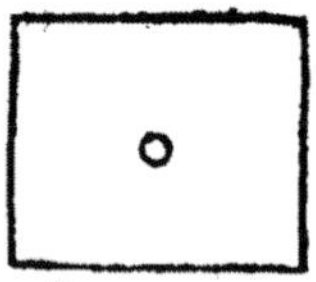

方盤

橫格

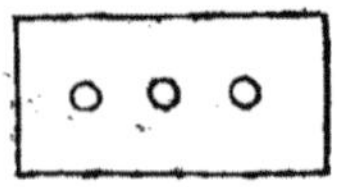

一字

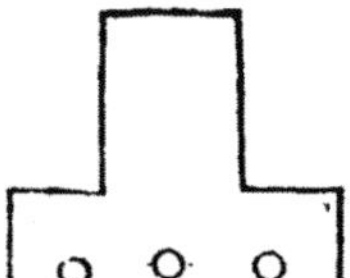

上字

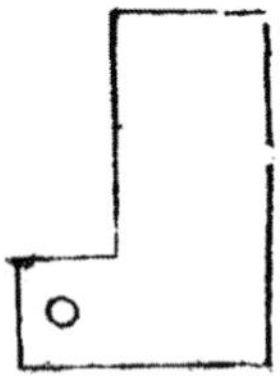

左曲尺

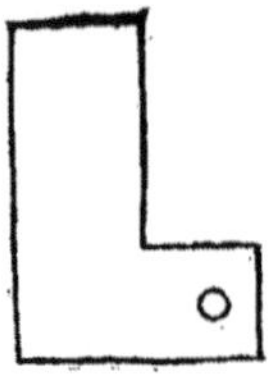

右曲尺

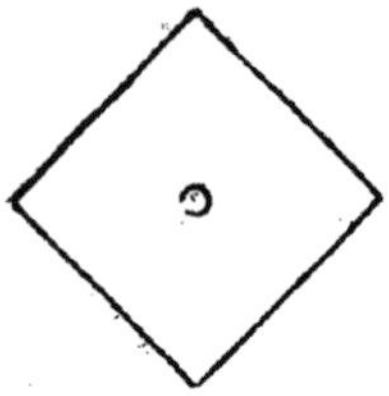

金斗

右五吉穴體。其唇●句脚●句垂●句吐●句及左右擺●句轉●句變體不同。一一詳載于前。以下四凶穴。每體。止舉其一為例。其垂轉等體。依前類推之。可也。

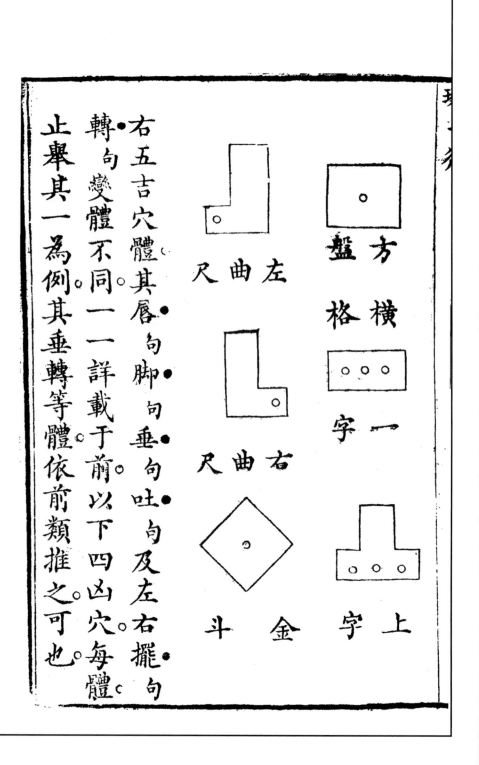

東湖主云。圖甚好。但凹腦與雙腦。渾同無辨別耳。

天罡九變

九個天罡人道惡。六個吉神落。
若穿金水土星辰。最好救人貧。

正體天罡

第一天罡為正體。車蓋形可擬。
此星凶毒最難當。囚死陣中亾。

開口天罡

第二天罡號開口。轉水休嫌醜。
將軍大坐最威雄。邊閫立奇功。

懸乳天罡

第三天罡是懸乳。凶中有吉取。從來此體象人形。扦着定光榮。

弓脚天罡

第四天罡號弓脚。不須嫌醜惡。將軍蹻足形最眞。邊塞立功勛。

雙臂天罡

第五天罡曰雙臂。凶神有吉氣。金鷄鼓翼是眞形。邊塞仰威名。

單股天罡

第六天罡號單股。惡毒如狼虎。
若還誤認亂安扦。凶禍不堪言。

側腦天罡

第七天罡名側腦。凶中還有好。
從來形狀號紅旗。富貴不須疑。

沒骨天罡

第八天罡名沒骨。不必問窩窟。
原來動處好安墳。象似牛眠形。

平面天罡

第九天罡名平面。乍見令人眩。
在地形如鉄蒺藜。埋了更傷妻。

孤曜九變

九個孤星名不好。四個藏金寶。
原來開口與生金。穴向此中尋。

正體孤曜

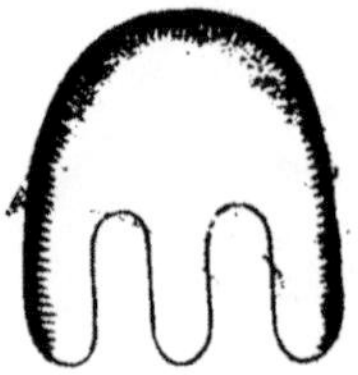

第一孤曜名正體。覆磬若可擬。
少年相繼入泉臺。無板上山埋。

開口孤曜

第二孤曜號開口。誰識無中有。
形似金釵最好看。下後出高官。

懸乳孤曜

第三孤曜名懸乳。最喜開金水。
喝作胡僧禮拜形。一發得人驚。

弓脚孤曜

第四孤曜脚先弓。不可槩言凶。
老猿抱子眞形狀。此穴仍為上。

雙臂孤曜

第五孤曜名雙臂。此星不可棄。
蓮花五葉喝形眞。最好救人貧。

單股孤曜

第六孤曜名單股。此穴不足數。
瞽跎足跛更孤單。癆病與瘋癱。

側腦孤曜

第七孤曜名側腦。此穴不為好。
茶槽竹梘水斜流。生離去外州。

没骨孤曜

第八孤曜名没骨。誤扦多泣哭。
號為雷脚形。至凶禍害見重重。

平面孤曜

第九孤曜為平面。空說灰中線。
形如覆磬得人憎。扦後絕人丁。

燥火九變

九個燥火有吉凶。七個是仙踪。
能效前人翦火法。立定登科甲。

正體燥火

第一燥火之正體。尖刀形不美。名爲劫殺最難當。路死沒人扛。

開口燥火

第二開口之燥火。好處君知否。令旗形勢最分明。一發看飛騰。

懸乳燥火

第三燥火是懸乳。此穴穿金水。走旗形象莫言凶。下後便興隆。

弓脚燥火

雙臂燥火

單股燥火

第四燥火名弓脚。此星吉神落。
其形個個是旗形。走馬去朝京。

第五燥火曰雙臂。此穴名既濟。
形如猛虎出林來。請君依法裁。

第六燥火名單股。惡毒如狼虎。
若還誤認妄安扦。災禍日綿綿。

側腦燥火

沒骨燥火

平面燥火

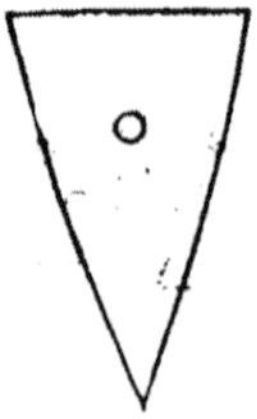

第七燥火號側腦。曲穴水中討。
莫嫌斜反穴難安。旗尾動中看。

第八燥火名沒骨。動中方有穴。
勢若寒牛出欄形。翦火法中尋。

第九燥火為平面。地上象牙現。
此星莫作等閒看。下後出高官。

掃蕩九變

九個掃蕩未為奇。七個蘊天機。
法宜截蕩奪神功。奕世產英雄。

正體掃蕩

第一掃蕩名正體。形勢如流水。
誤扦後代主離鄉。更出少年亾。

開口掃蕩

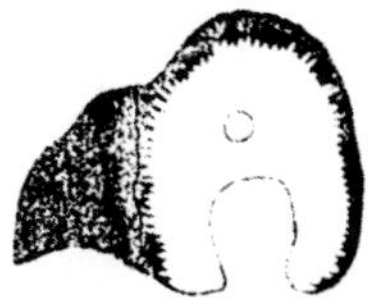

第二掃蕩名開口。形如獅子吼。
此星不與俗人看。平步上金鑾。

懸乳掃蕩

弓脚掃蕩

雙臂掃蕩

第三掃蕩名懸乳。此穴原可取
形如伏虎最為雄。扦後日興隆。

第四掃蕩名弓脚。此穴原不弱
喝為獅子抱球形。富貴有聲名。

第五掃蕩名雙臂。好似鰲魚翅。
莫言此是四凶星。名譽滿皇京。

單股掃蕩

第六掃蕩為單股○立穴原無所○
若還誤用禍難當○溪亂敗家囊○

側腦掃蕩

第七掃蕩名側腦○

沒骨掃蕩

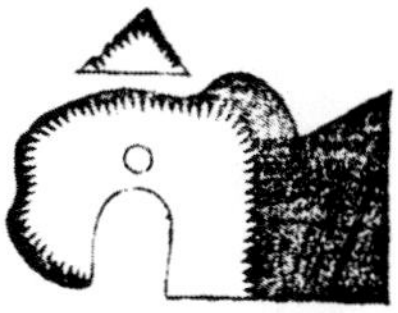

第八掃蕩名沒骨○此穴不可忽○
形勢渾如獸出林○富貴稱人心○

平面掃蕩

第九掃蕩為平面屈曲平中見
此星元只作蛇形富貴有聲名

右九曜正變形格以圖類推其義易知唯怪穴中有騎龍斬關二格最是元妙蓋騎龍者因前面並無融結中間有小巧星辰局面完聚騎之成穴去山祇屬餘氣故廖氏謂去非真去者是也斬關者中氣雖稍停前山迢迢又結盡穴廖氏謂止非真止者此也圖具左

點穴四十六

盡騎龍穴

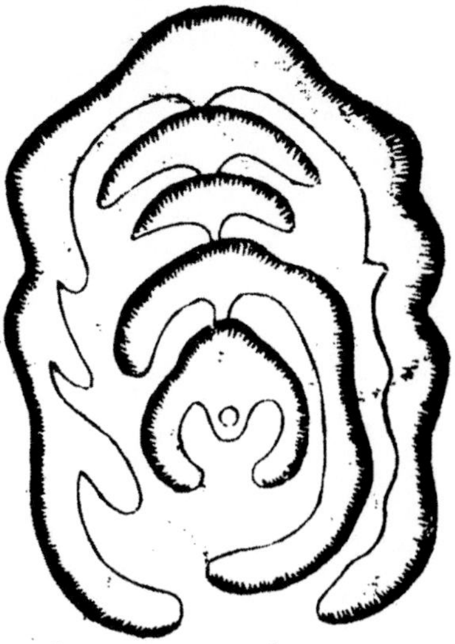

倒騎龍穴

正騎龍穴

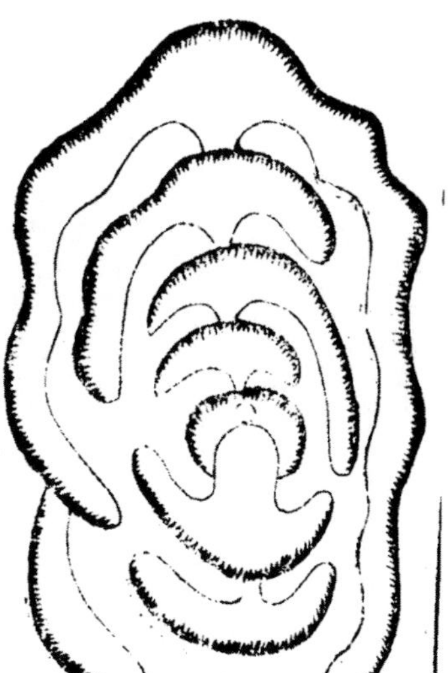

橫騎龍穴

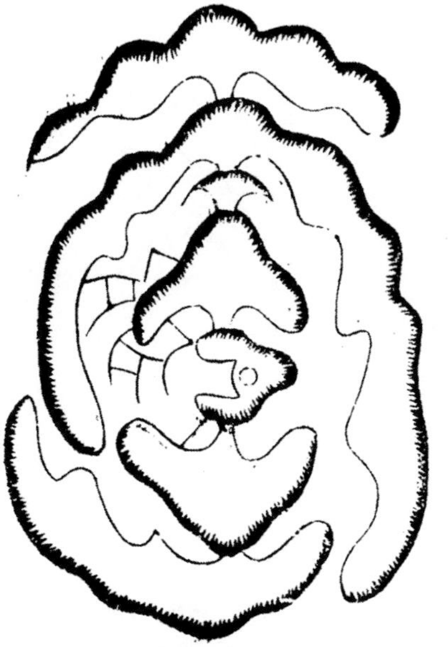

橫斬關穴

順斬關穴

總斬關穴

仰高穴

漱石穴

捉月穴

第五化氣名交度。陰陽交度方無悞。若然失度穴難安。斷取生凶消福祚。

化氣者。陰陽交媾。雌雄交度之謂。是故乳穴有凹。

點穴四十七

玖王夯
交度。突穴有靨。交度。窩穴有突。交度。鉗穴有泡。交度。高山尋窩。交度。平地尋堆。交度。堆也非突也。堆與突有微辨。支葬其巔。交度。隴葬其麓。交度。是謂陰陽有化氣則真矣。氣真則穴真也。故羅文土宿歌曰。入穴星峯似覆鍋。覆鍋開口便生窩。莫非陽極陰生處。所以紋如指面羅。結穴星峯有口開。口開唇裏要生堆。莫非陰極陽生處。土宿中間似覆杯。陰陽相生。千變萬化之穴。不出此八句。廖氏曰。陽來莫下殺硬。陰來莫下虛腐。此是常理。人人當如捉脈賦曰。陰中有陽。陽中有陰。看穴內生成。而奚若突中有窟。窟中有突。審水底眠坐之何如。合之無非言穴有化氣。方為眞結也。倘如孤陽孤陰。而剛柔不分。頑瘦了。抑或非陰非陽。而形勢雜亂。虛假了。葬如一有少差。禍不旋踵而至。可畏。故廖氏曰。穴星由來有八病。有病何勞定斬首。折痕項下拖。一病。碎腦石嵯峨。二病。斷肩有水穿膊出。三病。剖腹陷長窟。四病。折臂原來左右低。五病。破面浪痕垂。六病。墜足脚頭竄入水。七病。吐舌生尖嘴。

八病。此是星中大有虧。誤用禍相隨。穴面又有四般病。有病皆惡症。貫頂脈從腦上抽。星峯不現頭。一病。墜足脈從脚下去。靈光何所聚。二病。靈光不聚即不犯病亦無地。綳面橫生脈數條。生氣自潛消。三病。飽肚但如覆箕樣。醜惡那堪相。四病。此則廖公畧剖其病而猶未悉也。廣之有如頸長翅短。童頭甕弦。竹篙水梘。蟹裙牛軛。臃膝搖拳。反肘露骨。弩嘴鍬面。仰瓦空窠。元武壁立。白虎入堂之類。總言穴無化氣。秪屬偽結也。山中看地穴星諸病

不可不知

僞結圖形詳具于左

斬首

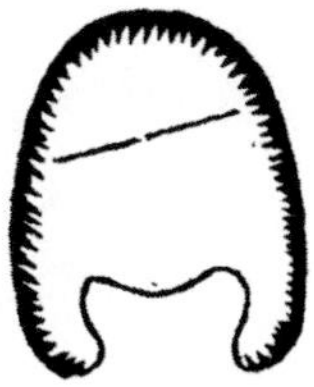

折臂

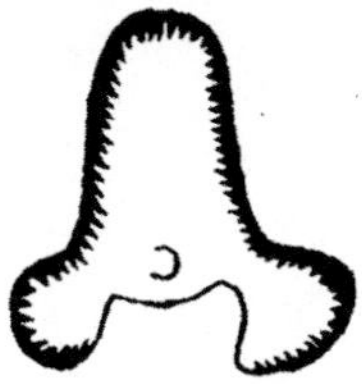

貫頂

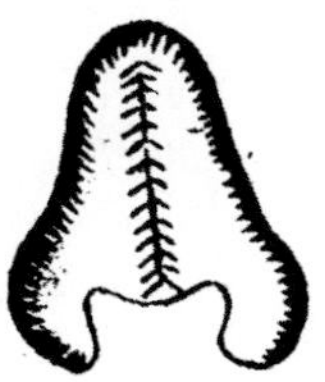

碎腦

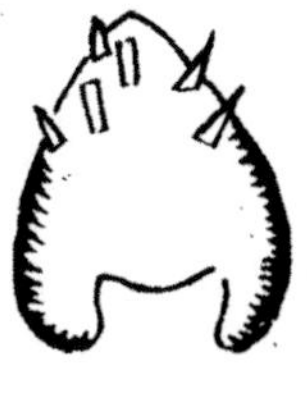

破面

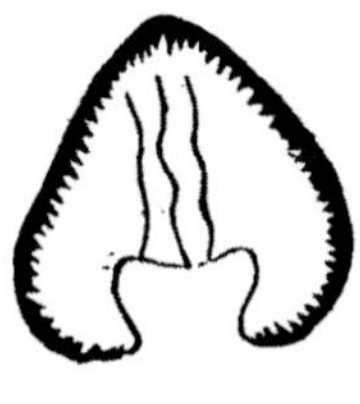

繃面

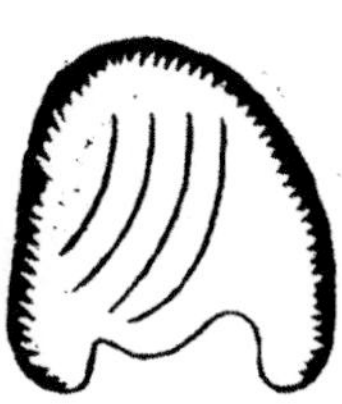

斷肩

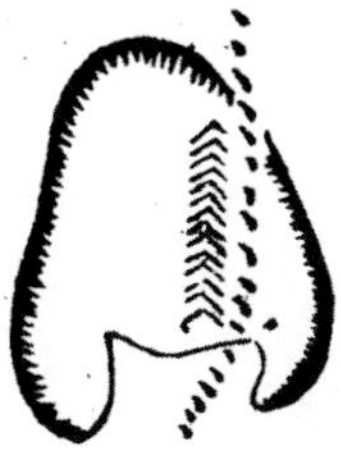

墜足

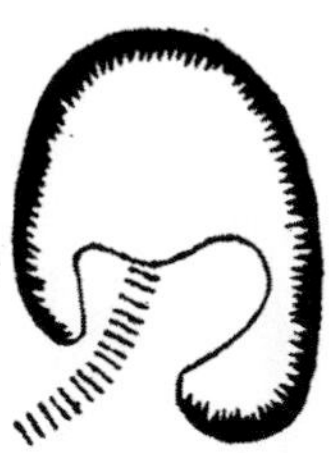

墜足

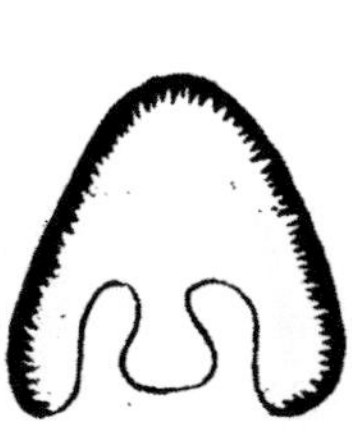

剖腹

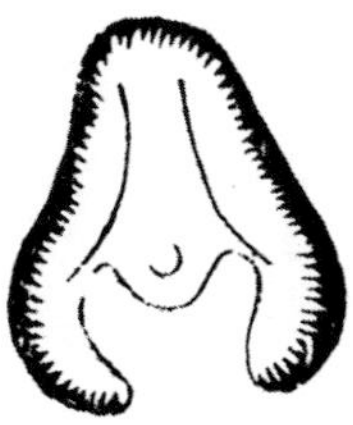

吐舌

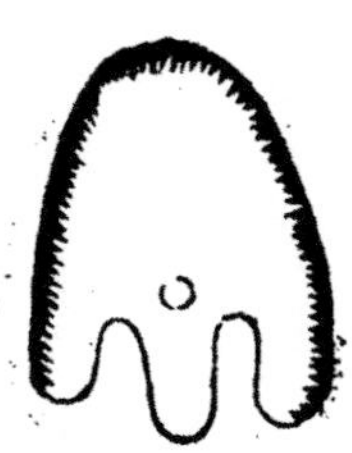

突肚

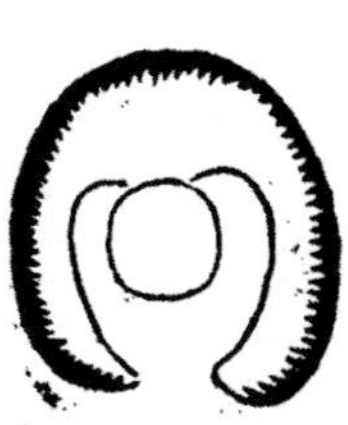

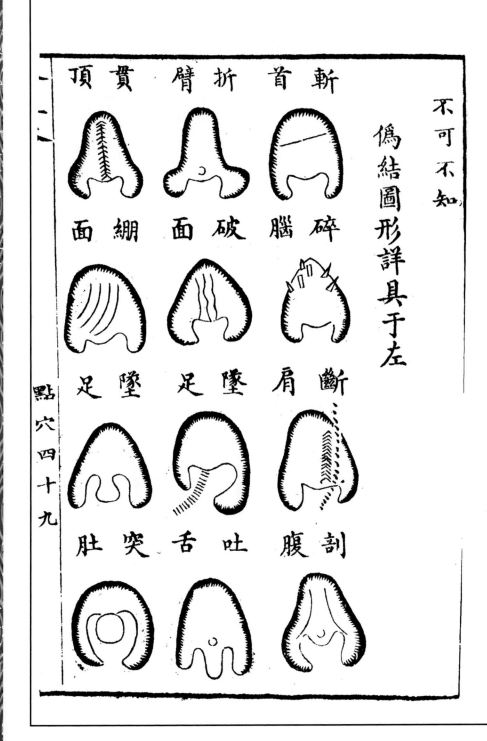

筲箕

竹篙

牛軛

弩嘴

頭長

水梘

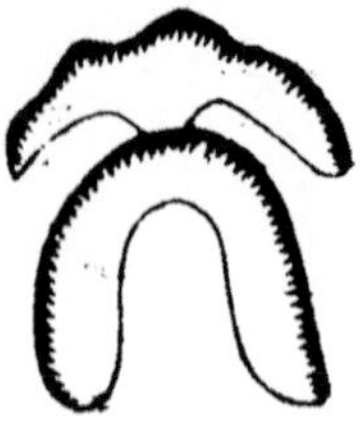

臃膝

鍬面

翅短

鱉裙

搖拳

仰瓦

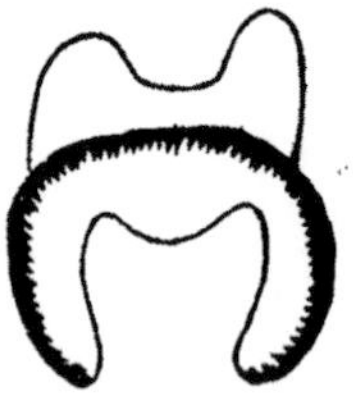

童頭

甕弦

反肘

空窠

白虎竄堂

元武壁立

東湖主云。羅文土宿歌曰。入首星峯似覆鍋。覆。鍋。開。口。便。生。窩。莫非陽極陰生處。所以文如指面羅。此四句。合白仙師。扦橫山尾之地。圖載四眞三法註中。又曰。入首星峯有口開。口。開。脣。裏。要。生。堆。莫非陰極陽生處。土宿中間似覆杯。此四句。合白仙師扦蘇郡虎邱之南。十房庄劉氏地。其地喝仰天螺螄形。開口窩中。微現螄肉突起之形。穴即扦突中。出一解元科第數人。內有不善終者。但此地據俗眼觀之。背後空曠。面前蔽塞。左右無輔從砂。明堂歪斜。水口當面直出。無一可取。殊不知此中點穴納水消砂之妙。人自不肯平心靜氣着眼以察之耳。予初登山。但見螺螄口開一窩。窩中現一微微突起之肉。穴即點在肉上。老中取嫩（螺螄要開口）。嫩中尋老（口中要生肉）。穴法之美無踰此。已明堂。人立堂下只見歪斜傾側。上立穴中。不覺其平正而員淨。水雖直出。却靜而不瀉且得輔弼吉星納水之巧若出天然至消砂之法尤顯仙人手段看螺螄開口之狀穴後及穴左畔一如人之左手覆掌之虎口然高止四五尺穴背坎方隱炤有員淨金形所以中解元虎口曲處艮方即龍氣入穴處也高丈許緊護穴場所

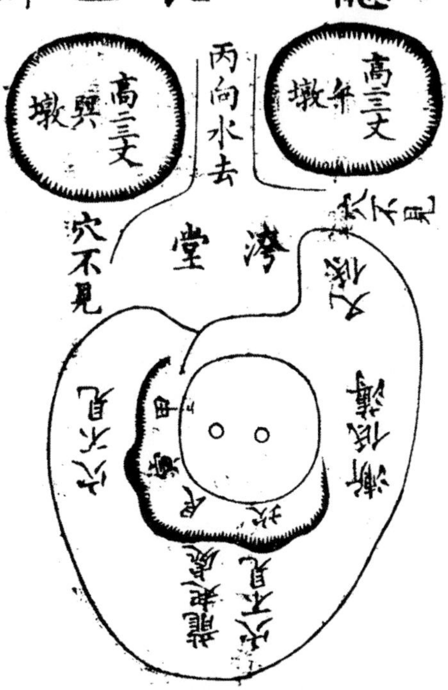

以發科第數人但惜其面稍仰耳所以爵位不甚高顯聯過甲處寅上稍動幸非特起之砂却便貴不善終生凶頑人到甲則擁護情真已所以大發可財情真處宜體認面前右墩在午稍高管丁管祿可喜却低穴丈餘可惜力輕了左墩在巽視之著有情所以先許解元頭狀元尾惜其低平而無力此狀元不應之故想後人開掘了消砂之妙如此可見凡砂消撥之法高者大者禍福相關固當詳審而在穴場至近之處即數尺之高丈許之大

其禍福攸關實與高大之砂等人尤不可輕忽視之

天下之地無論大小定有個憑據方能發福憑據之所在亦不拘高低長短凡在穴傍眼見的便是高山平洋一般有的今平陽書不知此竅所以猜來猜去猜不着憑據在左則長發在右則小發毫不假借若說沒有憑據能發科第丁財從未之見前如人左手虎口一段皆述仙人之點穴定有憑據處

第六教君乘氣法。首從龍勢分强弱。次別山體坐立眠。又次脈上觀榮削。榮削二字甚好。榮者脈氣融和舒徐不廹。穴之自然發福。削者枯槁細小。瘦直强硬。穴之則敗也。

凡地雖分龍砂穴水四端。而法不外葬乘生氣之一語。地理書數千卷。橫說豎說。只消這兩句包括盡了。是故龍以行此生氣者也。氣之所自來。穴以聚此生氣者也。氣之所自止。砂以衛此生氣者也。氣之所由和。水以養此生氣者也。氣之所由蓄。而其妙要在于能乘。能乘之能字着實有工夫或乘以泥丸或乘以兩耳或乘以胥腧或乘以湧泉乘雖不同然不外龍勢山體氣脈三者而推之也東湖主云泥丸胥耳諸事皆乘氣中間之事而其妙要在于能乘之能字工夫全在點穴時取龍勢山體氣脈三者一總串貫合起推之則權之之中正費幾多心血已不可硬取脈氣怠却消納之功又不可因消納中趨避太過而脫却龍氣不可以無意而省幹旋之法又不可以有意而失自然之

用盡此四不可之工則吾所點穴法堪輿廖賴並駕已

龍勢推左則左為生右為死龍勢推右則右為生左為死此從左右求生氣順來逆受逆來順扞此從順逆求生氣斜勢正安正勢斜插此從斜正處求生氣直龍却向橫中撞撞字好橫龍却向直中接接字更好此從橫直處求生氣此自龍勢推之而可得乘氣之法也

左來右生

逆來順受

直來橫接

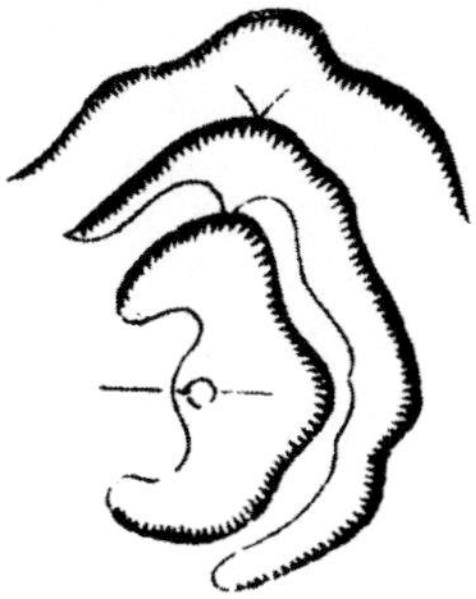

右來左生

正來插斜

橫來直接

順來逆受

斜來正受

點穴五十四

山體星辰聳者氣在高結峯巒正者氣在中凝勢如偃仰氣在低下形顧左右氣閃兩邊肥體取瘦饑體取飽句句名言字字珠玉　故廖氏曰一個星辰有三體立眠坐各異立是身聳氣上浮天穴此中求眠是身仰氣下墜地穴如斯類坐是身屈氣中藏人穴最相當此自山體推之而可得乘氣之法矣

東湖主云非但穴有坐立眠三體砂亦有之砂中之坐立二體人所易知惟眠之一體人有陰受其

福而不知者在山隴中不過丁財在平陽則竟發貴顯已何也平陽無坐立體也若得遇坐砂立砂亦不必如老山之高聳即三四丈福便大已所謂窮源千仞不如平地一堆是也予曾于武進南門外土名石答出呂宮狀元宰相者見之穴場大不過一畝面前小浜水如罥帶彎抱有情隅浜田源水層層朝來亦不過八九畝大入首金星大有七八仞高約二丈右砂辛酉方亦畧相等去穴一丈許北方癸丑砂亦同去穴三十丈坐未向丑墓則

呂宮狀元宰相地圖

杆丁山癸向。故癸酉舉人。丁亥狀元。不差毫忽如此。其祖葬。西鄉。寬●蕩●渙●散●全●無●收●拾●故相位不久。而福、澤遂止。

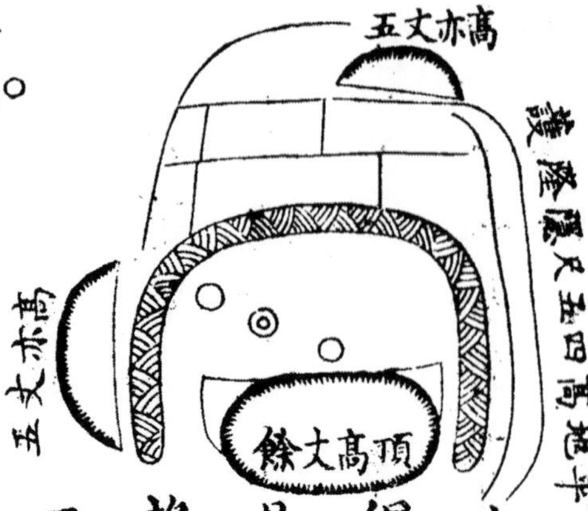

祖穴繫頂龍氣。丁山癸向不發。附昭穴。離墩一丈七八尺。兼未丑乃發者。祖穴止得龍氣。不見主星之晶光。昭穴上前。舉頭望主星。只見丁●上●突兀。精。彩。惟其脫氣。故遲至三代始發。鉄彈

子云葬脈不如葬氣葬氣不如葬影葢影光照注而砂又撥在生氣方故發大貴

仰口上聚

端正中聚

左右閃聚

低垂下聚

飢體取飽

肥體取瘦

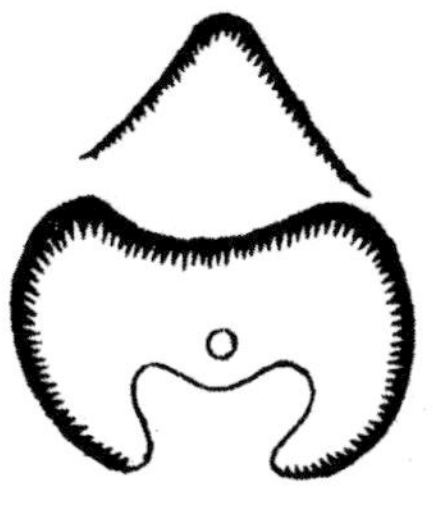

凡脈氣以活動者為生硬直者為死細嫩者為生

點穴五十六

粗蠢者為死。員淨者為生。尖利者為死。散脈取聚處為生。顯脈取隱處為奇。活動尖利等形好看。散脈取聚亦好看。惟顯脈取隱。非法眼不知。故廖氏曰。點穴先須分四煞。留心莫亂穵。惡煞無過直與尖。眞個得人嫌。兩邊員淨得全吉。藏煞為第一。無饒無減穴居中。撞法奪神工。其一。穴下如生尖直脚。穴宜坐壓煞。騎龍高下自無凶。挨金法一同。其二。氣脈直來形勢急。脫煞穴宜立。須知粘穴落平夷。休嫌穴水泥。其三。一邊尖直來相從。閃煞穴宜用。從來倚穴亦如然。莫道穴居偏。其四。此自氣脈詳之。而可得乘氣之法矣。

壓煞

脫煞

閃煞

藏煞

古人乘氣得元微。首取杖法為精義。廖公星暈語更奇。牧堂穴賦。深于理。四眞三穴盡詳明。到此神化參天地。

楊筠松作十二倒杖法。廖金精著四象星暈。蔡成禹作穴情賦。皆得乘氣妙用。詳具于左。
四眞三法俱列于後。

順杖

微微一脈曲如蛇。此穴宜從順杖加。
半紀之年先發福。兒孫興旺富豪家。

逆杖

山雄勢急莫當中。饒減能會氣自通。
逆受放棺斜倒杖。剛柔相濟福豐隆。

開杖

直中雄悍不堪言。堂聚分明在一邊。
隨脈直離三兩尺。是名倚杖不嫌偏。

截杖

上雄直瀉下凭陵。勢落中間有氣停。
直截山膂騎脊下。此為截杖有其因。

縮杖

勢短徐來上聚高。氣鍾頂腦產英豪。
放棺直審正中脈。縮杖扦之妙理饒。

綴杖

硬直平來仔細論。到頭纔急勢難分。
敎棺斬硬詳栽截。綴杖眞機世罕聞。

沒杖

乳大山肥何處詳。草蛇灰線脊微茫。
穴從正乳中間結。沒杖宜開大塚堂。

離杖

勢雄氣猛若無停。下有鋪茵展席坪。
敎棺就中離杖倒。員全端正壘墳塋。

穿杖

上剛下急勢難明。好撞中停枕樂星。
十字放棺橫受脈。神仙穿杖有難精。

對杖

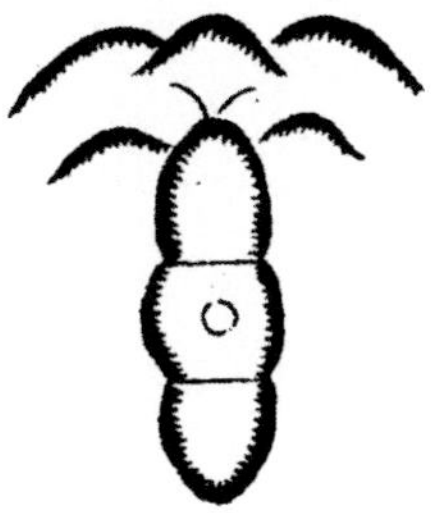

山頭脈直仍平下。上聳中低穴穩安。
緩急未分尋對杖。有成有敗此中看。

頓杖

穴脈崎嶇勢昂崇。頓杖扦之不讓鋒。
葬此但令尸不壞。人丁少旺只平庸。

犯杖

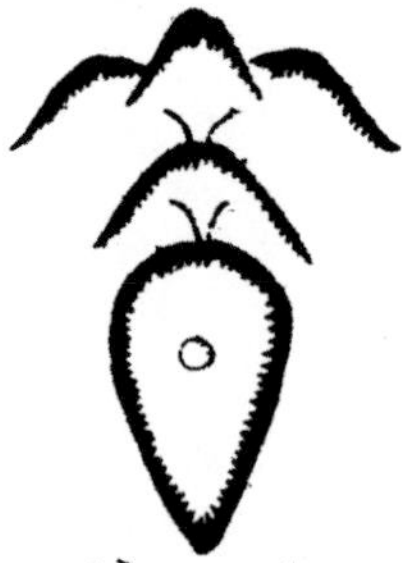

山高元武嘴尖峰扦穴其中太直沖
葬此必令棺倒側是名犯杖豈堪容

東湖主云楊公十二倒杖據其名有易扦者有難扦者茍執名思義變怪不測茫然無所適從誠得了大竅則易扦者固明白好看即難扦者亦有自然而然之穴法在焉不必泥定其為何杖而自爾默合不然徒讀十二倒杖詩而疑彼疑此終是夢中說夢也應吉應凶目無定見侈談何益

廖氏四象星暈歌云。星中太極最元微。于焉生兩儀。陰陽須把肥瘦別。龍穴要相洽。儀中饒減始裁。先到必須挨。形勢一到。即緊緊挨去不拘左右。若稍放鬆。便要脫氣。便不發福。若是動時分四象。動則分。不動則不分。脈息突窟狀。脈是有脊暈中生。廖為少陰微陷。其實楊公所云少陽者是。息是再成形。廖為少陽微起。其實楊公所云少陰者是。窟是有窩在平面。廖為老陰顯陷。其實楊公所云老陽者是。突是泡形現。廖為老陽顯起。其實楊公所云老陰者是。陽龍息突忌相逢。岡阜之龍。再見息突。剛而又剛也。故忌。陰龍脈窟凶。平坦之龍。再見脈窟。柔而又柔也。故忌。老山高岡為老陰。突是也。老山生出嫩枝柯為少陽。脈是也。平洋田地為老陽。窟是也。平陽中。起墩阜。為少陰。息是也。

脈象開井分四樣。葢粘幷倚撞。脈緩用葢。急用粘。直倚。橫撞。尖。

脈柔緩。則用葢法。從頂上扦之。脈剛急。則用粘法。在脈將盡未盡處扦之。却不可脫脈。勢直硬。則用倚法。倚左倚右。不可鬧煞。脈若橫過。則用撞法。剛。硬。半。撞。柔。和。全。撞。橫龍須貼脊。是也。

息象開井分四類。斬截與吊墜。息短用斬。長截。當。高吊。低墜。藏。息形若短。則用斬法。在將盡未盡處斬之。有似乎粘。但粘穴稍嫩。而斬穴則老鑿也。息形若長。則用截法。元武吐舌。穴情在舌根。如龍游西京塢。金鐘形。拖長六七箭。則截去前段為餘氣。若天平山。范墳亦如此。息形若高。四畔逼窄。則扦其頂。若吊起然。所謂亦有昂頭居龍首。是也。息形若低。四畔平和。則扦其足。若墜下然。所謂露珠一滴垂草尾。是也。
窟象開井有四訣。正求與架折。窟狹用正。濶用求。深架。淺折。收。窟形狹小緊夾。止容兩棺。則正扦葬之無疑。若窟形寬濶。中須有突。或正或偏。必求其融結之突扦之。如白仙師扦劉氏仰天螺螄口中葬肉。偏在右穴。是也。窟形狹小而窪深。則底下有水。須用石。或松。或磚。架起放棺其上。窟若平淺。又不狹小緊夾。而眞氣却蓄聚中間。則壙底用磚布水。陽局陽扦。陰局陰扦。曲折放水出去。使壙中乾燥。

每折一水。將羅經放在壙中。焰字格之。萬無一差。

淨陽式

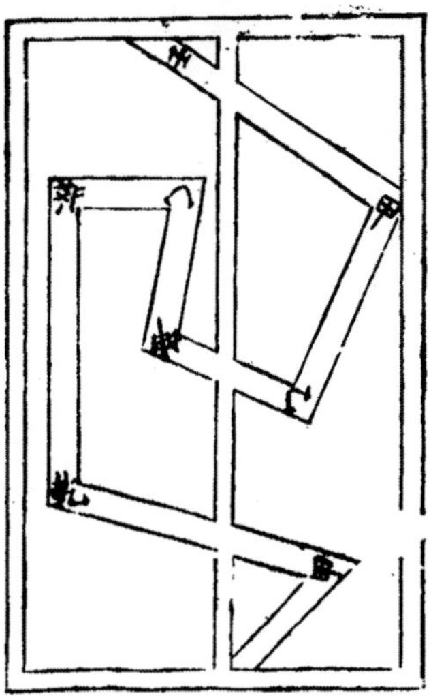

淨陰式

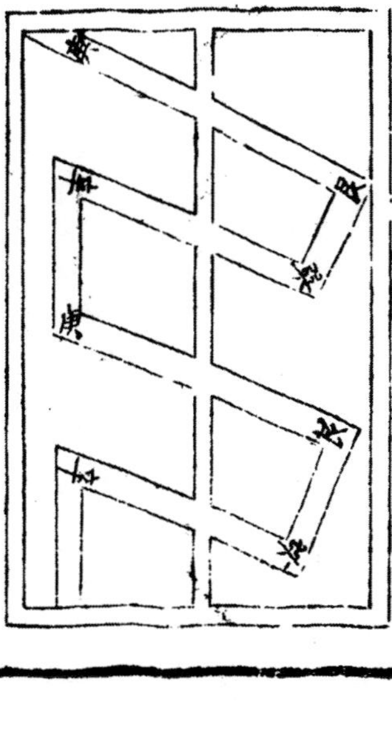

此折水法。及壙中架起放棺法。江東人皆不識。

突象開井有四法。挨併與斜插。突單用挨雙併中。

正斜偏插同。突形員淨。單一金泡。覷其生氣。閃左

點穴六十二

則挨左。閃右則挨右。若突形似雙。如繭形。如玉枕形。如兩犬交春形。兩頭員淨。則合而併扦之。突泡若正如單突。則斜而挨之。突形若偏。趨左趨右。則就趨勢插之。

少陰微陷脈圖楊為少陽

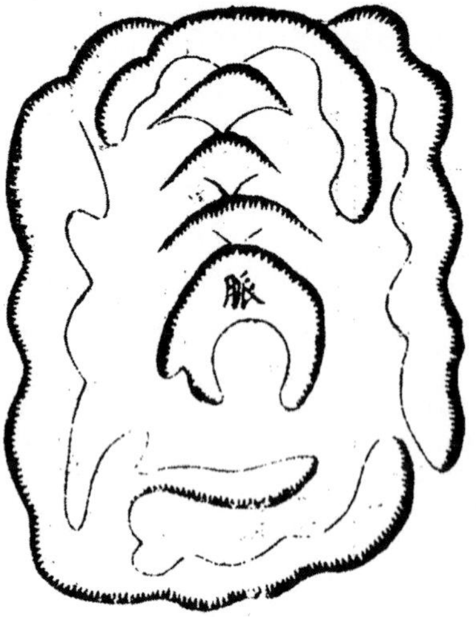

少陽微起息圖楊為少陰

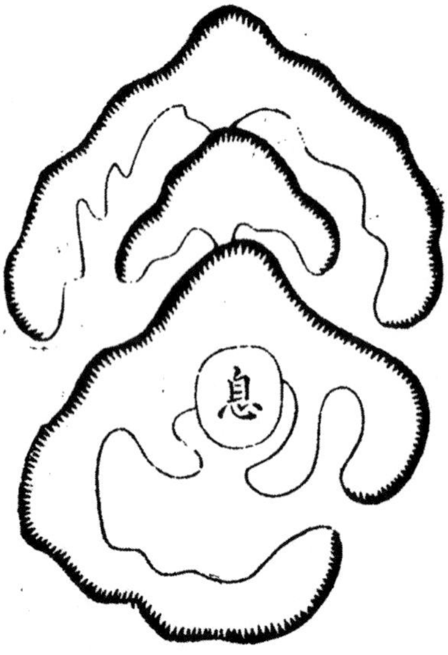

老陰顯陷窟圖楊為老陽

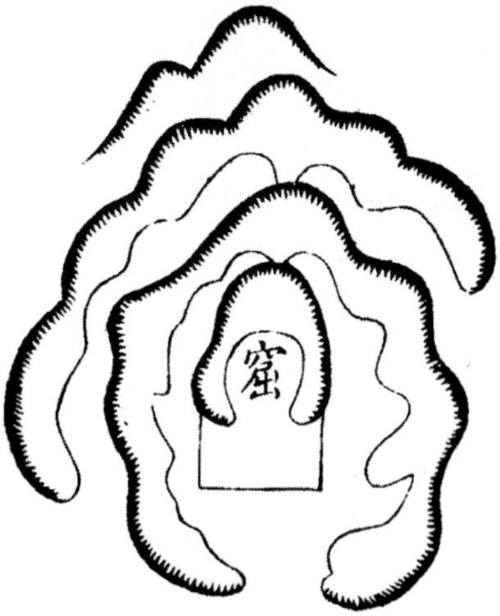

老陽顯起突圖楊為老陰

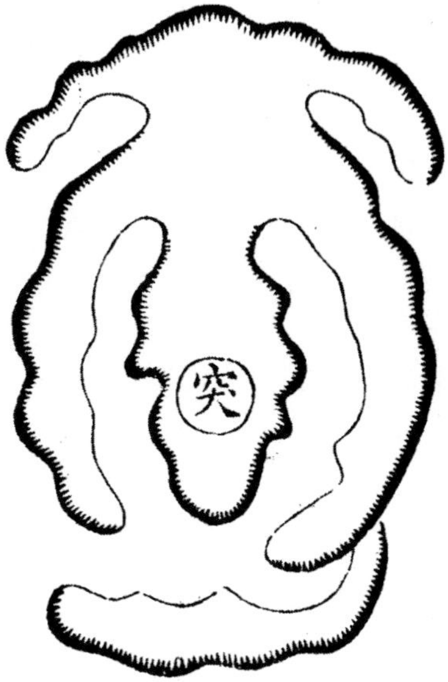

顯陷之窟。與顯起之突。明白易見。惟少陽少陰之脈息相似。難分。而圖註脈曰微陷。註息曰微起。以微起註息。則息與脈方有辨也。

蔡牧堂穴賦

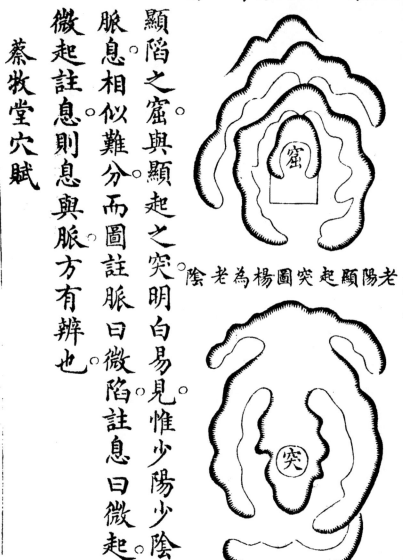

魚尾擺開。看後倚前親之勢。虹霄雙下。認橫扦直
龍之情。莫道無頭無面。橫看其踪。休言是木是金。
動中取穴。順受逆受。何拘對定于天心。旁求正求。
尤在消詳于龍虎。這四句名言。橫擔橫落無龍。却
葬有龍。直向直扦。有氣須安無氣。橫山湊脊處曰
鬭斧。即上橫擔橫落二語。直山扦柔處曰入簷。即
上直向直扦二語。拋鞭須認節。避刺要離根。反手
粘高。骨沖天打顙。門反栽如把傘。平視合提盆擺
出情難綫。橫飛勢合。翻匾大臨弦。出雄粗帶側尋。

打尖休動骨。點鼻莫傷唇。五直宜橫下。三停妙影尋。腕籃扦鼠肉。側耳定龍心。牛鼻防牽水。魚腮要合襟。

四眞三法之義

四眞者。眞龍。眞穴。眞砂。眞水是也。看地只要求此四眞。四者既眞。根本立已。三法者。高不鬭煞。低不犯冷。閃不離脈是也。點穴之法。只要求此三法。三法既明。則氣眞穴暖。而發福已。何謂眞龍。穴頂一線之脈。如絲如帶。若隱若顯。滴落穴内。此眞龍也。

此龍方是眞的。世人不明乎此。徒講後龍。若何蓋幛。若何飛鵝。而穴後不能如上所言。徒虛語耳。何謂眞穴。葬口上下之間。有毬有簷。如覆如仰。生氣融結。此眞穴也。如覆如仰。生氣融結八字妙極。立覘穴塲。止可默喻。不能言顯。何謂眞砂。蟬翼牛角。是也。難得的。乳穴無蟬翼以蔽于後。則其氣寒。口穴無牛角以抱于下。則其氣散。此二者之所以為眞砂也。何謂眞水。蝦鬚。蟹眼。金魚。是也。穴上無蝦鬚之分水。則憂淋頭。下無金魚蟹眼之合水。則慮割脚。此三者之所以為眞水也。胎腹經曰。眞龍既降。眞水夾絶。天心湧凸。必有眞穴。又曰。立穴之法。必有眞砂。眞砂既應。穴正無差。砂關兩路。水對三叉。合之可知。四眞之有關于生氣矣。

破毬謂之闘煞。蓋脈强而不知饒減。或脈緩而過于呑之故也。上是無心闘煞。下是有心闘煞。

破簷名為犯冷。蓋脈柔而不知呑縮。或脈急而過于吐之弊也。上之犯冷是不用心。下之犯冷是過用心。凡點穴時不用心不可。過用心亦不可。切記。

楊氏曰。穿傷其穴。莫傷其龍。傷穴冷退。傷龍致凶。此可知吞吐之不可不慎已。欲無離脈之弊。則上有蓋金分金。不可不乘。下有合金。不可不相傍。有夾金。不可不印正。中作穴。而弊可免矣。即葬書所云。乘金相水。穴土印木。八個字。欲得挨閃之法。則來有股明股暗。不可不審。到有先到後到。不可不辨。氣之先到。不可不挨。挨閃得宜。而氣可乘矣。楊氏曰。收砂收水。葬法之主。或左或右。隨砂水住。此四句得折地大竅。胡矮仙曰。

兩片三叉穴自然杖隨斜側枕尖員接一法迎一法放一法送一法分强弱个字之中元又元廖氏曰不拘明界與暗界先到必須挨能會明暗挨閃法左右任君裁合之可得偏正挨枕之法矣

陳持三云氣脈之說明時寧波地仙蕭客言之最為親切其書曰龍無脈不成脈現則成龍穴無氣不成氣現則成穴二現字最好細軟活動者為脈脈愛其清龍脈宜清露肉露唇者為氣氣愛其肥穴氣宜肥肥字最巧認脈可以觀龍識氣可以點

穴。又曰。山似體。脈似筋。在皮膚之內。或隆隆有脊。
或隱隱露形。此為靜中之動。要得流動為眞。流動
則不死。軟薄為佳。軟薄則不硬。甜肥為旺。肥而戀
蠢。便不吉。肥而員潤。使人看去。津津有味。曰甜。甜
字千古隻眼。已上言脈。氣之現亦不一。有穴後見
者。有穴中見者。有穴下見者。有左右見者。穴後見
者破毬。氣注上也。穴中見者湊毬。氣注中也。穴下
見者就氣。氣注下也。左右見者挨生。氣閃左。左生。
閃右。右生也。已上言氣。上觀其脈之與。以葢胎言。

下觀其氣之受以乘胎言。旁觀其界之員以夾胎。言。陽來取毬陰來取窩葬頂休傷腦取毬不可鬭煞。葬窩莫破唇取窩不可破簷犯冷此總言認脈乘氣法。此篇深得氣脈情狀因附于此。

東湖主云。點穴歌自四落講起一路講來歸東到四眞三法住看地果得四眞果盡三法則地不求發而自發矣若果得四眞果盡三法不獨四落以下皆為贅語即倒杖星暈穴賦等語亦是繁言

又云。乘金相水穴土印木曾于蘇州橫山尾見宋

時海南白仙師。在明季為盛姓者葬一地穴法

甚是老實明白。此地穴法。上乘金。下相水。中穴土。右左印木。天然生就。與郭景

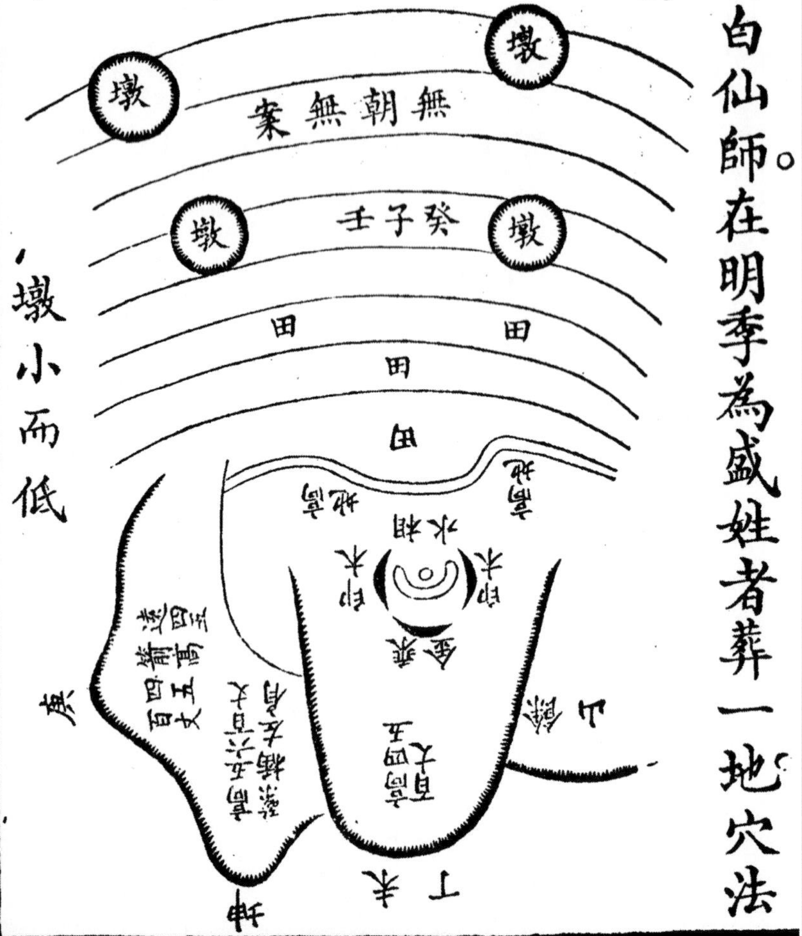

純葬經相合最確最肖與劉氏仰天螺螄形頂須葬窩窩須葬肉穴法同美發丁財出顯宦却有不善終者

此穴透地分金與東洞庭山王鏊文恪公祖穴同一火能生土以生金上下究原因之局 圖錄鑑水歌第二鑑據水穴 乃王則拜相文名振世富貴榮華一時赫奕子孫世守不失先人遺業盛則貴止廵撫遭凶子孫零落者何也盛地之力大處全賴丁未主星氤氳中宮故福澤宏大無奈庚賊在外

窺伺所以未盡善也王墳則在內也中宮既有丁未二神毓秀而在外也右肩虎手之乙卯砂同一塊分開便有吉凶之別乙高卯低唯乙高卯低方是乙砂作主乙氣從右顧左而生未卯氣從下升上而生乙在卯見乙則為貪生忌煞貪去生乙忌來煞穴在乙得卯又為化難生恩化穴之難生穴之恩所以富貴昌盛子孫悠久仙師所謂上下究原因之法正謂乙在上得權而吸取卯之精卯在下受制而樂助乙之神也此以上皆在巒頭中講

理氣這段誰人識得假若盛地左手是辛砂尖起庚酉在下從之亦如王砂卯之從乙加以主星高大健旺則勝于王穴福澤正當倍之已或曰庚既作祟何不扦真丁癸撥丁為旺神撥庚為食神予曰若如此點穴則此地止發丁財舍大從小非但不能科第而且坤峯高聳為禍更烈幷丁與財亦不能久已總之此地喫緊處在切近之所丁未同一砂坤另起一砂兩個山頭三砂齊起此話似奇坐午則丁洩重坐丁則坤殺近無如之何只得兼

未伸起丁母剋制坤奴雖透庚賊喜他在外在遠
亦不暇顧所謂天地無全功者此也此處竅妙術
士何知適子之間止知用丁化庚而竟忌坤之反
財為煞是猶去疥癬而得腹心之疾已故知此地
非仙人手段不能扦非與仙人同道亦不能知也
撥砂之法有五局五局中唯金局煞印同一塊砂
亦要印高煞低為煞生印印生身餘四局生砂帶
殺便貴不善終觀王氏之乙卯獲福可為鑑證抑
明初地仙方亦明龍游縣平陽中扦二地一白果

樹曹坟。四旁雖無土。亦無火。故止發丁財。一蟠龍形陸坟。四旁山遠。十數里。火土二砂。森羅雜起。大富出科第。有福無禍者。想以砂遠故耶。觀此局。又得一作法。已大抵砂遠。則火土互相氤氳。及至將到穴時。火氣入混土內。所謂貪生忘煞也。合而不分金。遂受生。秋金繼夏火。造化之機。固如此也。此一段全在造化中之氣機上講。非凡夫俗子可參一吻者。非然則當日仙師。外向雖侵金局。而壙內透地。專用眞土。亦未可知。總之。凡遇地當作金局者。在平陽以白果樹曹墳為準。在山龍以東山王墳為準。則萬無一失也。

懸乳球簷蝦鬚圖

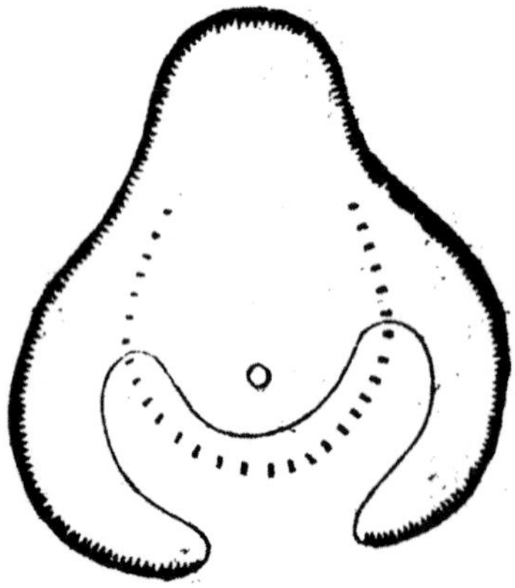

開口球簷蝦鬚圖

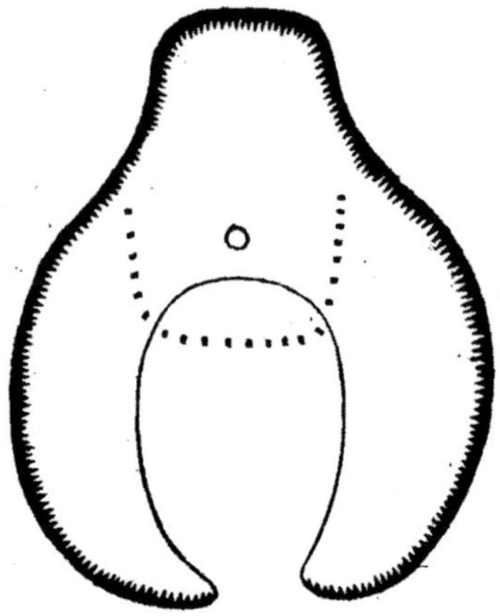

開口牛角圖

懸乳蟬翼圖

葬者原其起。乘其止。論大槩則來龍為起入首為止。論一穴則頂為起。唇為止故先賢命名起頂處曰毬。水滴處曰簷。語蝦鬚則曰微茫不論高山平地皆有之。語金魚則曰兩股仙婆集謂唯高山有之者是鉤元論指乳穴而言者非乳穴即高山意語蝌眼則曰一滴仙姿集謂唯平地有之者是鉤元論指開口穴言者非開口則地平已近時諸說或語金魚蝌眼而遺蝦鬚是失原起之義已或語金魚而遺蝌眼是失平地之止已或語蝌眼而遺金魚則又失高山之止矣爰是兩圖太陽區別之以例其餘云

袁玉書云穴之關係大矣後之龍氣唯穴是承前之砂水唯穴是收穴苟不眞則龍氣脫而壙冷矣

穴苟不正則砂水雜而禍生矣是龍穴砂水中穴
誠為扼要也而點穴有三等中等葬脈上等葬氣
再上葬影鉄彈子取葬氣為高手而葬影更高予
澄觀古蹟畢竟葬脈者發福最快最穩葬影雖高
發甚遲遲苟葬氣得氣旺者亦速所云牛角砂蟬
翼砂蝦鬚水金魚水蟹眼水種種名件皆所以求
取穴之法而總不外葬乘生氣脈認來龍八個字
雪心賦言三吉起于何方則取前進後退之步量
廖金精言避凶趨吉最為奇穴上討便宜此皆仙

師用挨星法上前退後推左挨右穴場一定便移動半步不得此誠改天命奪神工手段吾師云此點穴法用之平地田龍則可葉升九所刻書內亦窺見一斑但人不得竅便不能用若山隴龍恐犯脫氣病其點穴法則以鉄彈子立穴無尺寸之移受氣有耳覔之異分金有轉移之巧氣線無毫髮之差以此四句為準則方能無誤蓋穴中乘氣穴頂消砂其法盡包括四句之中至看蓋胎夾胎乘胎法山隴平陽皆要用之

點穴終

撥砂歌括引證地圖說目錄 共十五

龍游滃上徐氏地十一頁
嚴陵沈塢蔣御史長富祖地十五頁
浦江張氏鶴爪形二進士地十八頁
休寧螳螂捕蟬宋丞相程珦祖地十九頁
義烏墩頭明初樓璉白衣翰林祖地二十頁
無錫龍山擔溝塢留記地二十一頁
蘇州竹塢狀元文震孟祖地二十四頁
蘇州官山嶺内丁未繆狀元祖地二十七頁

龍游犀牛望月宋侍郎呂防祖地二十九頁
諸暨北門外石氏荷花形地三十頁
諸暨范岩前茶亭山袁氏地三十三頁
浦江白馬橋内賴布衣扦義門鄭氏地三十七頁
嚴陵黄泥突宋巡撫父母地三十八頁
無錫章山下朱氏下水龜地四十三頁
蘭溪仰天湖趙氏始祖主簿公葬孺人地四十四頁

目錄終

嚴陵張九儀增釋地理琢玉斧巒頭歌括

受業諸暨陳　綵持三庠姓嚴

趙　斌方旦榜姓朱

趙　溥功成

男張廷楨貞木

張廷樫聖木

壻蔣徵祥發其同課

受業暨庠袁士麟玉書參訂

撥砂歌

龍來原有衆山隨。左右隨龍之山。即護龍砂也。穴結
自有砂來會。砂不焰。會。則穴不結。水會亦也要砂關。
砂不關。鎖。則水走了。何以融。聚。穴前。所以撥●砂●難云
緩。撥砂之撥。如提兵調將。由我差遣。方可說得個撥
字。今各地理書。雖口說撥。而不知撥之之法、撥他。不。
動、只好當得一看砂的看字。

東湖主云。只此四句。可見龍穴與水皆少砂不得。
俗術不知砂法●而謾以地仙自居●為人看地●予不
知其作何心腸也●

昔人云。砂為龍穴之用神。貴賤不能自主。予獨以為不然。蓋龍無砂隨。則其勢孤。亢龍有悔。穴無砂會則其局露。拋頭露面。水無砂關。則其局散。砂飛則水走了。此三句。得看地的骨髓語。至于水神流散。而八風乘之矣。八風既乘。而生氣飄散矣。甚矣砂之為用最喫緊。所藉以衛穴而關水藏風而聚氣。其所繫非渺小也。故廖氏曰。眞龍落處四山聚只此一句。便得大概。亦自有名義。昔賢何以喚為砂。于理不呼差。楊曾教人原有格。格字甚好。如見土星則喚御屏。如見木星則喚貴人之類。乃為格也。只從地上撥。砂在地上。呆着坐立的。非人可以走過東走過西。我要撥他。請用何法可以撥得他。動也。因茲名作撥砂經次序以砂悟。只好名看砂經。大凡尋龍與點穴。細把前砂別。前字大誤前砂止說得朱雀朝案砂。其青龍白虎元武。亦皆有砂。亦皆當撥的。龍若住時砂有情。不住亂縱橫。以砂看龍法。穴若正時砂效用。不正自飛動。以砂尋穴法。眞龍藏倖穴難尋。惟砂識倖心。用砂定穴不拘